轻与重
FESTINA LENTE

姜丹丹 主编

# 经济的未来

[法] 让-皮埃尔·迪皮伊 著　解华 译

Jean-Pierre Dupuy
L'Avenir de l'économie
Sortir de l'économystification

华东师范大学出版社

华东师范大学出版社六点分社　策划

# 主 编 的 话

1

时下距京师同文馆设立推动西学东渐之兴起已有一百五十载。百余年来,尤其是近三十年,西学移译林林总总,汗牛充栋,累积了一代又一代中国学人从西方寻找出路的理想,以至当下中国人提出问题、关注问题、思考问题的进路和理路深受各种各样的西学所规定,而由此引发的新问题也往往被归咎于西方的影响。处在21世纪中西文化交流的新情境里,如何在译介西学时作出新的选择,又如何以新的思想姿态回应,成为我们必须重新思考的一个严峻问题。

## 2

自晚清以来,中国一代又一代知识分子一直面临着现代性的冲击所带来的种种尖锐的提问:传统是否构成现代化进程的障碍?在中西古今的碰撞与磨合中,重构中华文化的身份与主体性如何得以实现?"五四"新文化运动带来的"中西、古今"的对立倾向能否彻底扭转?在历经沧桑之后,当下的中国经济崛起,如何重新激发中华文化生生不息的活力?在对现代性的批判与反思中,当代西方文明形态的理想模式一再经历祛魅,西方对中国的意义已然发生结构性的改变。但问题是:以何种态度应答这一改变?

中华文化的复兴,召唤对新时代所提出的精神挑战的深刻自觉,与此同时,也需要在更广阔、更细致的层面上展开文化的互动,在更深入、更充盈的跨文化思考中重建经典,既包括对古典的历史文化资源的梳理与考察,也包含对已成为古典的"现代经典"的体认与奠定。

面对种种历史危机与社会转型,欧洲学人选择一次又一次地重新解读欧洲的经典,既谦卑地尊重历史文化的真理内涵,又有抱负地重新连结文明的精神巨链,从当代问题出发,进行批判性重建。这种重新出发和叩问的勇气,值得借鉴。

3

一只螃蟹,一只蝴蝶,铸型了古罗马皇帝奥古斯都的一枚金币图案,象征一个明君应具备的双重品质,演绎了奥古斯都的座右铭:"FESTINA LENTE"(慢慢地,快进)。我们化用为"轻与重"文丛的图标,旨在传递这种悠远的隐喻:轻与重,或曰:快与慢。

轻,则快,隐喻思想灵动自由;重,则慢,象征诗意栖息大地。蝴蝶之轻灵,宛如对思想芬芳的追逐,朝圣"空气的神灵";螃蟹之沉稳,恰似对文化土壤的立足,依托"土地的重量"。

在文艺复兴时期的人文主义那里,这种悖论演绎出一种智慧:审慎的精神与平衡的探求。思想的表达和传播,快者,易乱;慢者,易坠。故既要审慎,又求平衡。在此,可这样领会:该快时当快,坚守一种持续不断的开拓与创造;该慢时宜慢,保有一份不可或缺的耐心沉潜与深耕。用不逃避重负的态度面向传统耕耘与劳作,期待思想的轻盈转化与超越。

4

"轻与重"文丛,特别注重选择在欧洲(德法尤甚)与主流思想形态相平行的一种称作 essai(随笔)的文本。Essai 的词源有"平衡"(exagium)的涵义,也与考量、检验(examen)的精细联结在一起,且隐含"尝试"的意味。

这种文本孕育出的思想表达形态,承袭了从蒙田、帕斯卡尔到卢梭、尼采的传统,在 20 世纪,经过从本雅明到阿多诺,从柏格森到萨特、罗兰·巴特、福柯等诸位思想大师的传承,发展为一种富有活力的知性实践,形成一种求索和传达真理的风格。Essai,远不只是一种书写的风格,也成为一种思考与存在的方式。既体现思索个体的主体性与节奏,又承载历史文化的积淀与转化,融思辨与感触、考证与诠释为一炉。

选择这样的文本,意在不渲染一种思潮、不言说一套学说或理论,而是传达西方学人如何在错综复杂的问题场域提问和解析,进而透彻理解西方学人对自身历史文化的自觉,对自身文明既自信又质疑、既肯定又批判的根本所在,而这恰恰是汉语学界还需要深思的。

提供这样的思想文化资源,旨在分享西方学者深入认知与解读欧洲经典的各种方式与问题意识,引领中国读者进一步思索传统与现代、古典文化与当代处境的复杂关系,进而为汉语学界重返中国经典研究、回应西方的经典重建做好更坚实的准备,为文化之间的平等对话创造可能性的条件。

是为序。

姜丹丹（Dandan Jiang）
何乏笔（Fabian Heubel）
2012年7月

时间是构成我自身的实体

时间如河流席卷我,但我亦是时间

如一只猛虎将我撕碎,而我亦是那猛虎

如一团火焰燃烧着我,而我亦是那火焰

——豪尔赫·路易斯·博尔赫斯

# 目　录

**前言　政治的经济谎言** / 1

## 第一部分　经济和恶的问题

第一章　恶的问题 / 3
第二章　经济的暴力 / 13
第三章　经济保护我们免于自身的暴力 / 17
第四章　经济与神圣 / 22
第五章　经济的自我超越和恐慌 / 27
第六章　经济的伦理学污染 / 33

## 第二部分　自我超越

第一章　价格的自我超越性 /43
第二章　自我超越的未来 /56
第三章　金融恐慌状况下的公共言论 /64
第四章　灾难时期的沟通 /72
第五章　无话语的自我超越 /83
第六章　痛苦的两种化身 /91
第七章　政治的自我超越 /99

## 第三部分　末日的经济与经济的末日

第一章　我们所剩下的时间 /115
第二章　经济与死亡 /122
第三章　统计学死亡经济与反事实死亡经济 /128
第四章　等待：自身的死亡与金融泡沫的破灭 /136
第五章　末日经济 /148

# 第四部分 经济理性的批判

第一章 加尔文教选择的非理性与资本主义的活力 /158
第二章 选择宿命 /176
第三章 自欺与加尔文教的选择 /192
第四章 个人主义,这个谎言 /206

**结论 摆脱宿命论** /216
**附录 时间,悖论** /221

# 前　言
## 政治的经济谎言

每当我看到政治受辱于经济,权力被经济(intendance)掣肘,一种羞辱感便油然而生,正是这种羞辱感促使我写下这本书。

权力与经济皆为抽象之物,有人试图用一幅风格怪诞的讽喻画,即霍布斯的名著《利维坦》的封面画来表现它们之间的关系。画中的怪兽利维坦的整个身体被至高无上的人民密密匝匝地挤满了,它神情冷漠,看上去正战战兢兢地向它的王室管家低头鞠躬。这幅画虽略显夸张怪诞,但其中至少有一个概念没有被夸张变形,就是那些从政者,他们本质上由那些选择去服务国家的人构成。画上的人看上去非常恐慌,为了不惊吓到"对方",随时准备放弃或者妥协,整幅画散发出某种悲怆的意味。但这个"对方"到底是谁?它是一个纯粹抽象的存在,即"市场"(les marchés)。很奇怪人们竟用复数来指称它,就像人们在一些场合用"埃洛希姆"(Élohim)来指称独一无二的上帝:"起初,埃洛希姆创造了①天空和大地。"②这个复数形式的"市场"不禁让人想起那种愚蠢的、冷漠的巨型水怪,头上交缠着数不清的触角,稍有动静就惊惶失措,甚至杯弓蛇影,以致臆测的恐怖变成了真的恐怖……这个怪物不是也被称作"全球化市场"?

让我们暂且忘记这些形象吧。剩下的还有什么呢?还有那些拥有权力的从政者,他们在睡梦中将幻觉当作某种超能力的真实存在。对他们来说,市场(无论单数的还是复数的)就像著名科幻作品《禁忌星球》③中的那些怪兽——它们皆是小说主人公的潜意识在真实世界的投射,当今政治又何尝不是如此?时刻与噩梦般的影子厮杀并非在梦境里,而是在现

---

① 参见伏尔泰的《哲学辞典》中"创世记"词条:"起初,上帝创造了天空和大地。"但这其实是翻译的文字,译文并不准确。稍有教养的人都知道《圣经》中是这样写的:"起初,众神创造了(*firent* 是复数主语的动词变位形式。——译注)或众神创造了(*fit* 是单数主语的动词变位形式。——译注)天空和大地。"(斜体字[中文为楷体]部分是本人为强调所用)另外在圣经文本中,事情更为复杂,明明是复数主语,谓语动词却用的是单数形式:"主*创造了……*(*Elohim créa...*)",英语中也有同样的表达:"美利坚合众国是一个伟大的国家(*The United States is a great country.*)。"

② 《创世记》,第一章,第一节。

③ 《禁忌星球》,美国科幻电影,弗雷德-麦克雷奥德·韦尔考克斯导演,1956 年搬上银幕。

实世界中,这已经成为政治的宿命。

意大利未来的政府首脑马里奥·蒙狄(Mario Monti)昨日发表讲话,要求给他一点时间来组建团队以及实施他的市场紧缩计划。他宣布,一旦他宣誓就职就会启动其政府计划,届时意大利人必须做出"某些牺牲"。此前,他的当选一度受到市场的欢呼,但现在焦虑情绪又一次占了上风。①

事件本身并不重要。这正是舆论大反转期间②媒体天天引导我们去读去听的东西。除了少数顽固派——而且还不断有人从中分裂出来,大多数人都已经习惯这样的言论。金融危机致使民众遭受失业、教育匮乏、贫困无助的厄运,面对金融断头台要落未落的铡刀,不幸的人们苦苦哀求,"刽子手先生,再等一下"。民众们按照"市场"借权威机构之口公布的顺

---

① *LeMonde.com*,2011 年 11 月 16 日。

② 另外一个例子发生在 2011 年 11 月 21 日,西班牙立法选举的第二天:"希腊、爱尔兰、葡萄牙、意大利、西班牙,一些因市场而动荡的国家,以西班牙为例,市场在大选前夜*毫不犹豫地*施加了更大的压力。"(*LeMonde.com*;楷体字部分是本人为强调所用)。"市场"很清楚自己想要什么以及在做什么,它有自己的计划,它会反复权衡,偶尔也会在它认为合适的时候孤注一掷。面对所有人见证语言的衰落却不愤怒甚至没有反应,怎么能够不出离愤怒!

序，一批接着一批轮流通过铡刀口。而新上任的国家领导人道貌岸然，像一个大祭司。作为奥林匹斯山及其诸神的仆从，他对主人的喜好非常了解，为了尽可能服务好主人，他随时准备按照诸神的要求，奉献上牺牲者作为祭品。谁会看不出市场这套卑劣的说辞，不过是打着神圣的幌子，其实质却是对民主现代性基本价值难以置信的背叛？

政治向经济卑躬屈膝还有更为不堪的。在党派竞选中，如果反对党上台执政，多数派政党就会发出这样的警告：一旦反对党上台执政，"市场"这个实体就会制裁选民的意志，并给国家带来毁灭性的灾难；国际关系中，具有经济优势的强国利用"市场"给那些经济落后的国家制造压力，要求它们亦步亦趋，不得越雷池一步；发明了民主的国家因经济原因受到全民公决的威胁，处于民众暴乱的威胁中，同时陷欧洲其他国家的执政者于恐慌之中……诸如此类。每一次政治宣称要与"市场"单挑，随后又庆幸没有出现最糟糕的局面，都在将自己与经济(intendance)置于同一层面上；无论是输是赢，都不再重要，单凭与经济相争这一事实，政治就已经输掉了。正如一个老师不惜对自己淘气捣蛋的学生拳脚相加，还有何颜面可言？

当所有这一切发生的时候，经济学家在哪里呢？如果说靠他们来遏制经济过热有点言过其实，但毕竟这是他们的职能所在,我们还是期望他们能帮助我们在当下的混乱中找到方向。然而,最早表示对此一无所知的正是那些经济学家,并且这种无知并不妨碍他们加倍地傲慢。在他们看来,似乎唯有他们有能力思考当下的"危机",唯有他们才有权利为"走出危机"开具药方,追随他们左右的那些政客,也不过是大致掌握了经济理论某些基础概念的应用经济学家而已。他们在人类事务方面天生的短视与这个无序的世界紧紧联系在一起。

听说两个新近斩获诺贝尔奖的美国经济学家要给欧洲上一课,我感到双倍的耻辱。其中一个经济学家竟敢宣称,"在**经济学理论**方面,欧洲和欧元没有出现新问题"。经济学理论不应受到质疑,那为何世界经济体系面临崩溃的边缘?这与宣称法兰西国①没有任何污点,维希政府体现了卢梭的公意的说法如出一辙。那好,既然已经有了解决方案,为什么不付诸实施?另一位诺贝尔奖得主回答说:"解决欧元区的公共债务危机就是一个儿童游戏,至少从经济学观点看是这样。政治才是真正的绊脚石。"②

但事实并非如此,真正的绊脚石应该是经济。我不是专

---

① 二战时期,以贝当为首的法国政府向纳粹德国投降,并将政府所在地迁往维希。正式国名称"法兰西国",也称"维希法国"。——译注

② 克里斯托福·西马(Christopher Sima),托马斯·萨尔让(Thomas Sargent),转引自 *LeMonde.fr*,2011年10月10日。

指金融资本主义,也不是指尚且短暂的资本主义,更非市场,不管调节与否,在高点或是在低点投机的市场,这些都非我所指。我所指的是,经济在我们个体生活以及我们社会机制中所占据的地位。这个地位超出了应有的分寸,我们却觉得理所当然。经济大有占据我们思想和我们周围世界的趋势,但它并不能为我们解释这一奇特的群体现象,因为它既是裁判又是比赛本身。唯有带着一种疏离的、摆脱经济控制的目光,才能对不知不觉中已经沦为 *homo œconomicus*① 的现代民众认为理所当然、熟视无睹的种种感到莫名惊诧。

经济已经将政治变成奴役的工具,为什么还要抱怨?因为它要插足另外一个领域,其方式就如同政治对宗教采取的方式一样,以政治统一和国家安全的名义获得其独立性,并将宗教置于一个从属的位置。经济为什么不以能力、效率、民众幸福的名义上台执政,将政治置于从属地位,使之仅仅只是一个种种非理性宣泄和释放的场所?

本书旨在对这一问题做出回答。但如果这种发展趋势一直持续下去,无论是对于经济的未来,还是政治的未来,甚至于我们文明的未来都是致命的。

诚然,现代社会推翻了由禁忌、仪式和象征性表达所构成

---

① 拉文语,意为"经济人"。——译注

的一切传统的藩篱,使人类的暴力无计可施,并激发出巨大的创造力,但也带来了前所未有的破坏力。它将地球变成一个地球村,同时也面临着被原子弹夷为齑粉的威胁。

经济从神圣性中一点点解放出来。曾受到宗教然后是政治压抑的经济,今天成了我们的宗教、我们的政治,它正经历其外在性的丧失。因此它既无法确定未来,也不能让我们现世安稳,它已经变成我们的未来和我们的世界。这就是经济的谎言,它让我们身处其中的社会趋于瘫痪,让我们的政治沦为傀儡和打手。

从此,这种经济再不能有所遏制,它正在超速运转。那些不久前还指责市场自我调节的人,如今又指责它无法自我调节。"走出资本主义"是只看到其危害性的左派人士的口号,尤其当他一个人站在台上的时候。但是走向哪里去?也许有一天,面对这个备受羞辱的资本主义,我们会悔恨不已。也许我们更应该走出的,不是资本主义,而是政治的经济谎言,并由此发明出一种崭新的经济理性。

阐述这些观点有好几种可能的方式。我选择一种也许是我自己发明的方式——概念性的宣传手册。为什么是宣传手册?因为必须借助一切手段,包括最微不足道的,来反抗经济学思维对人类事务所采取的令人难以置信的简化方式。为什么是概念性的?因为我坚信经济学对我们生活的控制已经深入我们思想的最深处。如果文明的变革是可能的,那么首先应该在思想意识上引起变革。

我的思考将聚焦于时间问题,尤其是与未来的联系。如果经济还没有与未来建立起一种新型关系,至少赋予了它某种前所未有的广度。"经济的未来"这个书名首先意味着经济所包含的与未来的关系,同时也正是这一关系大大增强了它的影响力。条件是政治生产影响力,或者更好一点,将经济变成一种真正的政治经济,经济将会朝着人类满怀信心并努力前行的方向"打开"未来之门。然而,今天出现危机的正是经济与未来的这种关系。经济可能终结的说法因此如幽灵一般挥之不去,这是本书名的第二层含义,即通常意义上的——我们所了解的经济可能没有未来。

我将分四个部分展开论述:

第一,世界的非神圣化成为现代的宿命,由此产生的理性主义伴随着新型的恶一起产生。为了理解随之而来的经济崛起,我们必须指出,经济占据了由于神圣退出而留下的空缺,如同它之前的神圣一样。它同时包含了两种意义上的暴力:以暴力的方式阻止暴力。相对于一种"坏的"暴力,还有一种"好的"暴力,正是通过一种自我显露机制使得"好的"暴力外在化,它让我们明白为什么孟德斯鸠等一些思想家对商业怀有信心,相信唯有商业可以让欧洲走出血腥屠杀。只有独眼人才会仅仅看到经济暴力的一面,他们巴不得看到它不经过任何审判就被处以死刑。今天我们意识到好的暴力和坏的暴力终究都是同一种暴力。但是,这种清醒需要付出代价,它确定无疑地摧毁了我们至今不知何以替代的整座大厦。

第二,为了让暴力自我克制,必须有一种相对于自我的外在性,哲学传统上用自我超越这一术语来指代它。我将阐明正是这种自我超越性构成了人们所说的市场自我组织能力的基础,而不是经济学家们称之为"均衡"的一种纯粹的内在属性。我考察的第一个例子是市场价格的自我超越性,并指出经济理论薄弱的形而上学基础已经显露无遗。但是,通过自我超越机制形成对未来产生的影响才是我思考的基本内容。经济通过向未来投射而运转,但这个未来尚不存在,它只是因为受到经济在自我实现那一刻的牵引才存在。这一悖论与**引导程序**(bootstrapping)的悖论如出一辙,闵希豪森男爵(Münchausen)的传奇故事①(只是想象而已!)也绘声绘色地讲述了这一惊险刺激的情节。所有使用电脑的人对引导程序都非常熟悉,即使他们并没有意识到——它证明

---

① 18世纪的冒险家,他的奇特故事也许是笑话和疯话,但充满了想象力和机智。"闵希豪森男爵"的名字几乎在全欧洲都成为"吹牛大王"的同义词。——译注

电脑可以简化为一个机制,这一悖论说明一个复杂的系统在一个未定义甚至不确定的初始状态下启动是可能的。这个初始状态,就是此处所说的未来。以上也表明未来何以在市场中发生。

未来的自我超越性这一现象太特别了,它牢牢地吸引了我的注意力。它表明所有经济主体都依据未来自我超越的这一共同的形象来协调他们的行为。这一现象本身具有某些非凡的特质,因为它解决了除非求助于"伦理"这个人救星否则便无法解决的大难题;这一特例还包含了信心、未来的不确定性和开放性,如果没有这些,资本主义将无法运转。换句话说,经济因此关乎道德、政治,但这丝毫不意味着经济取代了政治的位置,相反它应该与一个截然分离的甚至超越它的领域,即政治领域,相互配合又泾渭分明。因为正是政治自我突破、自我超越的能力,为经济提供了必不可少的资源。然而,当我们说经济"收买"政治(对经济来说,一切都可以待价而沽),不仅因为经济腐蚀了政治,而且因为经济通过变相牟利将政治拉低到与自己相同的层次,致使政治丧失其超越性,它遏制政治的同时也在自我遏制。

第三,我将在第三部分提出一个大胆但又基础坚实的假设。在我看来,市场的非理性达到了匪夷所思的地步,表现为前所未有的巨大泡沫,以及随后而至的难以置信的金融灾难,都应归咎于资本主义全球化的主要推动者,他们头脑中根深蒂固的灾难论(catastrophisme)①,而且他们对此并没有清醒的意识。事实上这些人已不再相信未来具有可能性。自我超越的机制也许无可挽回地卡死了。经济出现于某些源自神圣性的重要制度之后,它曾为了对抗暴力而存在,如今它正在丧失其遏制暴力的能力。这也许正是危机的原因所在。灾难以一种极端形式揭示了化身为资本主义的经济的终结是必然的,只是日期未卜。就个体而言,死亡本身就是典型的例子。任何与人类相关的主题都无法逃脱经济思想的霸权主张,连死亡也不例外。经济理论在概念上以及在人类事务上表现出的贫乏,预示它面对另一种死亡——它自身的死亡——同样无能为力。

第四,在第四部分,也是最后一部分,我将再回到通过未来进行协调的可能性的种种条件。这种协调使得经济能够参与解决政治问题,条件是必须依靠政治领域的超越性。对这些条件的阐述让我重新审视两个始终敞开的悖论,即两个悬而未决的悖论:一个和马克斯·韦伯这个名字联系在一起,是关于历史和宗教的人类学悖论。韦伯在资本主义精神迅速发展与卡尔文教派的宿命论学说,或者说与新英格

---

① 下文根据语境有时也会翻译成悲观主义。——译注

兰清教学说之间建立了一种亲缘关系。另一个著名的悖论属于逻辑和形而上学的类型，与一个叫威廉·纽康姆（William Newcomb）的名字联系在一起。我将揭示这两个悖论其实是一个，并提出了一个前所未有的解决方案。根据这一解决方案，允许经济超越自身以便成为政治和道德学科的条件显得既匪夷所思又平淡无奇。说它们匪夷所思，因为它们导致对公理的拒绝，而这些公理是经济学家们无比珍视的信条，关乎他们口中的理性；说它们平淡无奇，因为我们所有人面对生命的重大选择时，都会违背这些公理，我们甚至凭借这些形成了井然有序的社会。从这个意义上说，我们所有人都是卡尔文派清教徒。

最后，我将证明这些可能性的条件促成公民身份逐渐走向其反面，一个个体在消费的私人世界中沉溺的社会。这正是经济的模糊性，与恶的问题相联系。这一切都是信仰与自欺的问题。被经济理论升格为"上帝"的消费者的自欺与卡尔文教徒的信仰如出一辙。从这个意义上说，我们所有人都是加缪口中彼此的"局外人"。我们既相信又不相信我们可以不依靠他人，独立生存。我们如此需要他们，是为了让他们相信我们不需要他们。总而言之，经济学上男人或者女人的个人主义都是为了其自身而出现的，如同社会自编自演的一场宏大喜剧。

结论部分的论述可能会让一些人感到意外了,他们以为本书的研究仍旧是我近十年来研究的主要内容"灾难论",并指责我是"宿命论"思想家。我通过回答马克斯·韦伯的问题,捍卫了这样的观点:真正的宿命论者不是那些相信的人,而是那些在充斥经济欺骗与个人主义谎言的世界深受其害的牺牲品,他们把自由与超市的自由混为一谈,即可以在三十种不同牌子的洗衣粉中进行选择的自由。此处"选择的自由"是诺贝尔经济学获奖者米尔顿·弗里德曼①所指的自由。

\*

如果我们不是经济学家,我们可以思考经济问题吗？当然可以。如果思考经济问题仅限于经济学家,那只会削弱经济学思考本身。我在本书中提出的问题以及尝试回答它们的方式将我一下子排除在这一职业之外。没有人会进入经济学家封闭的圈子,他们如我一样认为,如果不反思这些问题,那么在不负责任的自我中心主义盛行的社会中,所谓的"经济科学"只能是空洞无意义的。

经济学家中有一群人数不断增长的少数派,他们承认自

---

① 米尔顿(Milton)和罗丝·弗里德曼(Rose Friedman),《选择的自由:一份个人声明》(*Free to choose: A personal Statement*),纽约,马里纳出版社,1990年。

己的学科已经完蛋了。如此直言不讳值得称赞,但经济学如何以及为什么会完蛋,却众说纷纭,莫衷一是①。我认为,要想理解恶的本质,就必须果断地走出这门学科,但不是不加选择地走向任何地方。许多"非正统的"经济学家把希望寄托于另外一些社会科学,如社会学、人类学、政治科学、博弈论、认知科学、历史,甚至道德和政治哲学,但是已经太迟了,这些学科都不同程度地受到经济欺骗的影响。经济理论一直名气很大,究其缘由并非完全正面的。有人认为它们具有严谨的数学形式,得益于诺贝尔奖的推广效应等等。我则认为,尽管它们显得如此不言自明,极富逻辑性,但其哲学基础不清晰,建立其上的一系列选择因未经深思熟虑而导致更糟糕的结果。我的批评正是从这个层面上展开。

法语的词汇与英语相比实在太贫乏了,有时候这反而成为

---

① 此次必须加一条个人注解。本书并非针对经济学家。我必须明确地说明一下,我的靶子是经济学家这一职业,而非从事该职业的个体。有很多智力超群、富有洞察力的研究者从事这一职业,我很荣幸其中有相当一部分人是我的朋友,令我深以为荣。但他们之所以了不起,却不是因为他们属于这个领域,尽管他们确属其中一员。在从事哲学研究之前,我本人曾给巴黎综合理工大学的学生教授了十二年的经济学。对于这门学科的学习我一点不后悔,它的专业知识对于社会、道德、政治哲学的任何研究路径都是不可或缺的,尽管或者就是由于它自身已经破产。至于该职业,它的结构,招聘方式,因为一个伪诺贝尔奖,它所获得的来自自身的虚假承认,以及数学在其中扮演的过分作用等等,将把它变成了最为保守的学科之一,在高等教育和整个研究体系中最缺乏革新的学科之一。而这一点在今天已经蔓延到全世界范围。

一种优势。"经济"一词就是一个典型例子。它有时候指社会现实的某个领域或者某个方面,英语称为"the economy";有时候是关于整个社会的观点,英语称为"economics"。法语却将这两种意思混为一谈,反倒揭示了领域与观点之间的某种关系。这种联系不是物体和其镜中影像之间的关系。经济理论不仅歪曲了作为其研究对象的现实社会,而且它也不是社会现实的再现——根据其形象对现实进行加工。诚然,经济理论不管真假,都对现实产生某种影响,但现实作为其原因这一事实不可改变。将经济理论和社会生活捆绑在一切的联系既不是现实主义的,也不是唯心主义的,它是复杂的。从马塞尔·莫斯(Marcel Mauss)到皮埃尔·布尔迪厄(Pierre Bourdieu)的法国人类学传统,将其称作一个自编自演的集体谎言①。

有一件令人不解的事情:一个并非经济学家的人写了一本书,是那些想要理解经济理论产生条件的人绕不过去的必读书目。该书的核心章节,也是论述的中心所在,其标题译成法语是:"论自我的谎言"②。该章节的标题告诉我们,所谓的"经济"行为——从这个词的普通意义上说——与经济没有任何关系。如果说我们这些现代人追逐物质财富却从未有餍足

---

① 或曰"社会伪善"。
② 原著用英文写就,题为《论自我欺骗》(*On self-deceit*)。

感,那是因为我们从物质中寻找的不是物质需求的满足,因为物质需求借助一定数量的资源是可以得到满足的。无止境的索求泄露其目标是无限的,并且只能是一个非物质实体。我们永远想要更多东西。经济学理论不是有限资源的合理配置,这完全不像它喜欢给自己下的定义;在词源学上,经济被称作 le nomos de l'oïkos,即规定一家人东西分配的约定。不,我刚提到那本书的作者告诉我们,经济已经因欲望变得面目全非,尤其是渴望被他人羡慕、追捧,甚至嫉妒的欲望。在这一点上,人们永不餍足。

然而,这位思想家接着写道,经济这个体系之所以可以运转,恰恰因为经济主体处于自我动机和他人动机的不透明中。他们错误地以为财富给他们带来物质满足,他们认为这种物质满足才是幸福生活的保证。正是因为他们错误地赋予财富并不具有的美德,才会对财富垂涎三尺,在这一点上,他们倒是没有自我欺骗。财富具有人们赋予它的美德,仅仅因为是人们赋予了它,它将他人贪婪的目光吸引到财富拥有者的身上。他人垂涎那些并不值得垂涎的东西,这无关紧要。重要的是他人艳羡的目光。这目光透露出人人贪婪却并不自知。说到底,经济是一种欺骗游戏,一出每个人在其中既是受骗者又是欺骗同谋的游戏而已。这是一个巨大的集体谎言。

那么,这位作者是谁,他写的到底是什么书?我们不无歉意地回答:阿历克西·德·托克维尔①,其著作《论美国的民主》的第二卷有一章写得饶有趣味,该章节的标题为"为什么美国人在优越的生活中表现得如此焦虑②"。他在其中写道:"尽管追逐物质富足的现象非常普遍,但物质主义对美国人可以说不存在。"但是,我们可能弄错了,既弄错了时代,又弄错了语言。

其实我前面说的谜是一个陷阱。因为这位作者不仅是著名的经济学家,而且还是这门学科的奠基人,此人就是亚当·斯密。他是苏格兰启蒙运动卓越的代表人物,格拉斯哥的一位伦理哲学家。几个世纪以来,关于他的蠢话不绝于耳。他编写《道德情操论》(1759年出版)时的确还不是经济学家。1776年,他发表了让他一举成名的《国家财富的本质和原因调查》③之后,才成为经济学家。但《道德情操论》是亚当·斯密关于社会哲学思考的集大成之作,他一直将其视作《调查》一书的模板。对亚当·斯密来说,财富可以吸引他人的目光,因为他人也渴望财富。归根结底,如果说他人渴望财富,那是

---

① 阿历克西·德·托克维尔(Alexis de Tocqueville,1805—1859),法国政治思想家和历史学家,著有《论美国的民主》《旧制度与大革命》等。——译注
② 托克维尔,《论美国的民主》(1840年),第二卷,第二部分,第十三章,"为什么美国人在优越的生活中表现得如此焦虑"。
③ 汉译本书名《国富论》。——译注

因为他们自己也希望成为被目光注视的人。相比较而言,穷人感受物质匮乏的痛苦要少一些,因为没有人关注他们。

经济最初的意思是"节约",我们从中可以隐约窥见苏格兰人富有传奇性的吝啬。但现代经济的意义恰恰相反,它以无限增长作为目标,因为推动它的不再是需求,而是欲望。除了极少的几个特例,亚当·斯密之后的经济思想史大都建立在对这一基本概念的遗忘或者说压抑之上。既然经济(现实的)是对自己的一个巨大谎言,那么经济(作为理论)是一种彻头彻尾的欺骗也就不足为怪了。正是因为这一点,我们应该思考观点和其对象之间的联系。

因此必须从反学科、反其名称以及反其研究对象的角度来思考经济。反学科,但也与它在一起。这与我前文中承认经济理论展现出无穷的创造性和高超的智性并不矛盾。撒谎者,特别是对自己撒谎的人,常常是最为老练的诡辩者。要想戳穿那套欺骗的说辞,不是按照天真者所宣称的"按照原样"来重建现实,而应更多地了解掩盖事实的谎言本身。

# 第一部分

经济和恶的问题

# 第一章
# 恶的问题

我力图理解经济何以在我们生活中取得极高的地位。我认为最好的方法是,首先得分析经济何以成为解决恶的问题的一种办法。现代哲学史对于这一问题能够给出一系列的回答,①同样我们也可以证明经济思想史经历过相似的历程。

根据至善(*summun bonum*)或最高教义,曾经有一个时代的人们认为,死亡、疾病、灾难都是公正的上帝对犯下罪恶并触怒他的人们施加的惩罚。既然上帝是身体疾患的缘由,由此提出一个问题:上帝是否也是罪恶或精神疾患的缘由。如果是,我们如何理解上帝发明这些罪恶并让这一发明来败坏

---

① 苏珊·奈曼(Susan Neiman)曾在其著作《现代思想中的恶:另一种可能的哲学史》(*Evil in Modern Thought: An Alternative History of philosophy*)(普林斯顿大学出版社,2004年)中非常出色地捍卫了这一论点。

他的创造物？为上帝正名的行为用希腊语称为"*théodictée*"("神正论"),传统上,这一术语一直用来指人类赋予人世间的罪恶以意义的所有尝试,而这尘世一般认为源于上帝完美的创造。圣奥古斯丁对这一难题的回答一直被认为是圆满的答案:上帝并不想罪恶出现,但是他除了允许它存在别无他法,因为他按照自己的形象创造了人,他将他们创造为自由的人,因此也可以自由地选择罪恶。

奥古斯丁的观点受到众多思想家的猛烈攻击。最可怕的攻击来自加尔文教的皮埃尔·培尔(Pierre Bayle),即不朽巨著《历史批判词典》(1695—1697)的作者。这位令人畏惧的辩证学家揶揄地说:如果我要给我的敌人送一份礼物,最简单的莫过于送一件东西加速他们的毁灭。德意志哲学家兼数学家莱布尼茨(Leibniz)却维护奥古斯丁的观点而反对培尔。他在两部著作里论述了这个观点,第一部作品名为《神正论》,1710年出版,四年之后第二部作品《单子论》出版,这两部作品构成了莱布尼茨形而上学的基石。

莱布尼茨神正论可以解释如下:上帝对所有可能的世界有无限的认知能力,他必须选择其中一个成为现实的存在。根据充足理由率(任何结果都有其缘由),这种选择不能是随心所欲的,上帝只会选择最好的。按照这一原则,存在的只能是最大的完善。难道上帝没有选择其他的自由吗?指导他做选择的必然性仅仅是道德层面的,而不是形而上学的(上帝只会选择最好的尘世,关于这一点不存在任何逻辑上的矛盾)。然而,上帝为了确保是所有可能世界中最好的,他必须默许一点点恶的存在,否则现实世界总体上会更糟糕。所有从单个单子的视角来看是恶的,从整体的视角来看,是为了保证整体最大的善而不得不做出的牺牲。恶,因此只是一个幻觉,一个不同视角产生的结果而已。

总体上来说,人们承认莱布尼茨神正论是道德哲学中功利主义学说的原型,而单子论则是亚当·斯密"看不见的手"理论的起源。①

但是,"乐观的"莱布尼茨学说差点就在 1755 年 11 月 1 日化为灰烬。当时发生了一场和 2004 年 12 月亚洲大地震震级几乎相当的大地震,紧接着是毁灭性的火灾,最后是海啸将这场灾难推向顶点。大海啸产生的海浪高达 15 米,一直延伸到摩洛哥海岸,将葡萄牙首都里斯本化为乌有。面对这场灾难,有两种完全不同的立场。我们很容易将伏尔泰和卢梭这两个名字与这件事联系起来。前者于 1756 年 3 月发表了一首题为《关于里斯本灾难的诗》的哲学诗;后者则于 1756 年 8

---

① 参见阿兰·雷诺(Alain Renaut),《个体的时代》(*L'Ère de l'individu*),伽里马出版社,1989 年。

月18日以论战的口气对这首诗进行了驳斥,题为《致伏尔泰先生的信》。

伏尔泰,以一种我们称作"后现代"的姿态,要求我们接受事情的偶然性,并承认我们永远无法了解因果关系的真相是什么。卢梭则认为,并不是上帝在惩罚人类所犯下的罪恶,而应该从人类自身寻找原因,并用近乎科学的态度来看待因与果的联系。1762年,卢梭试图在《爱弥儿》中反思那场灾难的教训:"人啊,这灾难的始作俑者,不是别人,正是你自己。你不是制造灾难就是遭受灾难,一个又一个的灾难,其实都源于你自己。"①

显然,卢梭的态度与大众对近两年最大的自然灾害(卡特琳娜飓风和2004年圣诞节发生的亚洲大地震)所持的观点如出一辙,他们都对自然灾害的性质提出质疑。针对第一场灾难,《纽约时报》发表题为"A Manmade Disastre"("一场人为引起的灾难")的文章。针对后者亦有同样的表述,而且理由非常充足。有人指出,由于城市化、旅游业、水产养殖业和气候变暖等原因,泰国沿海的珊瑚礁、红树林遭到毁灭性的破坏,而它们原本可以起到阻止海浪毁灭性的入侵,大大降低灾难程度的作用。至于新奥尔良,城市防护堤长年失修,路易斯安

---

① 卢梭,《爱弥儿及其教育》,第四章,"萨瓦省副本堂神父信仰公开"。

那州的国民警卫队又被征调去伊拉克,根本就不在救灾现场。还有——是谁一开始冒出这么奇葩的想法——在如此一马平川、没有任何遮挡的地方建立城市?另外我们也曾听过这样的说法,日本根本就不应该发展民用核电,因为它位于地震带上,随时有可能遭遇海啸之灾。总而言之,让人类遭受灭顶之灾的不是别人,正是人类自己。人类不仅难辞其责,甚至是罪魁祸首。

存在于人类身上的恶,卢梭将其称作自尊心,并将它和自爱相比较。我在不久前写的一篇文章中指出,亚当·斯密的"self-love"应该确切地解读为卢梭所谓的自尊心,而不是自爱。[①] 在留存下来的关于自尊心最杰出的文本——《对话》(这部《忏悔录》的副标题也同样令人难忘——《卢梭评判让-雅克》)中,卢梭写道:

> 最初的激情全部毫无保留地致力于我们自身的幸福。它让我们全神贯注于与自己密切相关的事情上,自爱是其原则,温柔与多情是其本质。然而,一旦有障碍物出现,注意力就被转移开来,激情便不再专注于得到最初

---

① 让-皮埃尔·迪皮伊(Jean-pierre Dupuy),《〈道德情操论〉中可憎的同情》(Invidious Sympathy in *The Theory of Moral Sentiments*),《亚当·斯密评论》,第2卷,2006年,第96—121页。

**一心渴望的事物**,而成了一门心思想着如何摆脱障碍物。最初的激情也因此改变了本性,变得易怒且善妒。这就是自爱如何从一个美好的、绝对的情感演变成自尊心,即一种相对的情感。它使人们相互攀比,不知餍足;它的快乐也是完全消极的,它不再力求从自身的善中获得快乐,而是从他人的恶中获得满足。①

自尊心虽脱胎于自爱,却逃脱自爱之兴趣逻辑,转化为一种破坏性力量。正如卢梭所言:当各种兴趣"交织"的时候,自尊心从自爱中迸发出来。交织,此处是各种目光的交织。这是阴暗躲闪的目光,是羡慕,是嫉妒,是怨恨,是毁灭性的仇恨。它置理性于不顾,甚至完全丧失理性,偏执于障碍物本身,一心将其彻底消灭。

20世纪出现过极大的道德恐怖并导致一个新的罪恶政权上台,它与卢梭的概念完完全全背道而驰。按扬科列维奇②的话说,这是一种人义论(anthropodicée),即用人类取代了上帝的一种神义论。上帝或者"大自然"被重新置于审判席上,人们甚至可以大谈恶的合法化。

---

① 《卢梭评判让-雅克》,《对话 I》。
② 弗拉基米尔·扬科列维奇(Jankélévitch,1903—1985),法国犹太裔哲学家。——译注

1958年,京特·安德斯①赴广岛和长崎参加第四届世界反原子弹和氢弹大会,其间他一直写日记。在和那些灾难幸存者多次交流之后,他在日记中这样写道:

> 他们绝口不提那些犯下罪行的人,对造成这场灾难的人祸三缄其口,作为史无前例的大屠杀的幸存者,甚至没有一丝一毫的怨恨……对我来说,这太过分了,完全超出了人的理解力。

他补充写道:

> 他们谈起这场灾难,仿佛在谈论一场地震,一次行星碰撞,或者一场海啸。②

差不多同时,安德斯的同学兼妻子,汉娜·阿伦特试图厘清一个邪恶的新政权。阿伦特谈奥斯维辛,安德斯则谈广

---

① 京特·安德斯(Günther Anders, 1902—1992),原名施泰恩。早年师从海德格尔和胡塞尔,并于1923年在胡塞尔门下获得现象学博士学位,1930年与汉娜·阿伦特结婚,并从事哲学人类学和艺术哲学研究。——译注

② 京特·安德斯,《广岛无处不在》(*Hiroshima est partout*),丹尼斯·特伊维尔、弗朗索瓦·卡泽纳夫、加比埃尔-拉斐尔·维莱特、阿里尔·莫拉比亚译,瑟伊出版社,2008年,第168页。

岛。阿伦特将艾希曼的心理残疾诊断为"想象力匮乏"。安德斯试图证明这不是某个个体的人的缺陷,而是所有人的缺陷,尤其是他们的行为能力包括毁灭的能力与人类自身状况不相称时。与人类的犯罪意愿相比,恶兀自强大。安德斯和阿伦特指出,丑闻在于巨大的恶可以在毫无恶意的情况下发生,骇人听闻的暴行可以与清白无辜纠缠不清。当恶完全超出了人类的理解限度,我们的道德范畴已无力描述或者评判它。最后只能说:"暴行是对大自然的侵犯,连大地亦叫喊着复仇;恶毁坏自然的和谐,唯有惩罚可以重建。"①欧洲犹太人曾用"受难"(holocauste)这一表示自然灾害的词语来代替"大屠杀"(Shoah),试图将纳粹暴行视为地震、海啸等类似的自然灾害。这一事实表明,当人类无论作为恶的受害者还是实施者都无法冷静思考"恶"的时候,就会倾向于将恶自然灾害化。

我还是回到我所关注的经济与恶的关系这一论题上来。

法国社会学之父埃米尔·涂尔干(Émile Durkheim)在其

---

① 汉娜·阿伦特,《艾希曼在耶路撒冷:一份关于平庸的恶的报告(*Eichmann à Jérusalem. Rapport sur la banalité du mal*)》,安娜·盖朗译,伽里马出版社,1966年;佛里奥版,2002年,第478—479页。阿伦特此处引用了斯坦福大学法学教授尤塞尔·洛伽特(Yosal Rogat)的观点,此人因发表评论奥利弗·温德尔·霍姆斯的专著《普通法》而出名。

1912年出版的最后一部巨著《宗教生活的基本形式》中,表达了这样一个论点——他那个时代的人类学几乎已经走向平庸。在这部巨著的结论部分,他写道:

> 与此同时,我们已经证实,思想的所有基本形式,因此也包括科学,都具有某些宗教的渊源。我们知道魔术也是同样的,因此也包括产生于它的各种技术。另一方面,我们很久以来就知道,一直到人类进化的晚期,道德、法律章程与宗教礼仪制度的边界都是模糊的。因此,概而言之,*几乎*所有伟大的社会制度都孕育于宗教。①

这段话中只有"几乎"这个词不会引起诧异,我用楷体字将它做了强调处理,该页末尾处的一则注释给出了这个词的含义:

> 只有一种社会活动形式与宗教没有确切的联系,那就是经济活动。但是,连产生于魔术的技术都借此与宗教有了一些间接的渊源,何况经济活动呢。其次,经济价值代表一种能力,一种效率,而我们知道,能力的概念有

---

① 埃米尔·涂尔干,《宗教生活的基本形式》,第598页。

宗教的渊源。财富能赋予某种神力(mana),因此它具有神力。从这点上说,经济范畴和宗教范畴不应该毫无关系。但两者之间是什么性质的关系,这个问题还未得到研究。①

本人近三十年来关于经济哲学的研究正是受到这样一种信念的指引:我们要想理解经济的意义,不仅要将它和宗教联系起来,而且要坚信经济、极具宗教特质的经济已经占据了世界非神圣化(构成了现代性的主要特征)过程中空缺出来的神的位置。

---

① 埃米尔·涂尔干,《宗教生活的基本形式》,第598页。

# 第二章
# 经济的暴力

评论家经常使用诸如"地震"、"海啸"一类的词语来描述始于2008年"恐怖之年"的全球经济骤然崩盘,没有人注意这些在媒体人笔下已经变得平淡无奇的习惯性表达。然而,将一场如此巨大的道德灾难比作一次自然灾害,这其中自有某种令人震惊却又真实存在的东西,值得我们去思考。

当海浪从大海深处骤然升起,以闪电般的速度集结蔓延,直至掀起惊天骇浪冲向沉睡的海岸的那一刻,它并没有选择摧毁谁或者赦免谁。我们不妨先读一段伏尔泰的文字,里斯本大地震之后,他对莱布尼茨的神义论进行批驳:

> 莱布尼茨丝毫未告知
> 是什么看不见的缘故

> 所有宇宙中最井然有序的人世间
> 充斥着无尽的混乱和不幸的深渊
> 让我们徒劳的欢喜之后是真正的苦痛
> 也不曾回答为什么无辜者与犯罪者
> 都同样遭受这命中注定的灾难①

金融骗局中的一些大鳄已经付出代价,或者将要付出代价,而一些负责公共财产的组织仅仅错在相信了他们,但也付出了惨重代价。同样确定无疑的是,还有一些诈骗者会平安脱险,而一些兴旺发达的制造企业、运转良好的金融企业却崩盘倒闭。理智和勇气要求我们承认,席卷全球的恶是盲目的,它没有任何意向性,并且像伏尔泰一样总结如下:

> 我不能想象一切都会好:
> 我就像一个医生,唉!我一无所知②

危机的诠释者有两种,但他们都缺乏这种勇气和理智。

---

① 《关于里斯本灾难的诗》(*Poème sur le désastre de Lisbonne*),第五章,第168—174页;引自伏尔泰,《赣第德》(*Candide*),口袋书,西尔维娅·尼莱奥尼编,法兰西普及出版社(LGF),2003年,第190页。
② 同上,第五章,第175—176页。

一种人,他们逆风逆流而行,仍旧死抱着市场"功效"的教条不放;而另一种为阴谋论者,他们与意识形态幽灵正相反,把资本主义当作一个无所不知、无所不能的主体,认为它在继续剥削贫困者,却让富者大发横财。这两种人都自信十足,以为自己在无意义中找到了意义所在。

被打个粉碎的是经济学理论的基石之一:刺激理论。很少有自由主义理论家认为市场的制裁是公正的,大多数都认为这种制裁无所谓公平不公平,这种提法没有任何意义。这一观点最早始于约翰·罗尔斯,即《正义论》[①]的作者。市场追捧价值,它对成就、道德观念或者市场参与者的需求漠不关心。比如:一个"兢兢业业"的医生因工作累垮了身体并处于贫困之中,因为这个医生能力不足,所以被竞争的环境扫地出门。不公平?公平与这件事本身没有任何关系,规则对所有人都一样。程序是匿名的,无意图、无对象(sans sujet)。相反,同样是这些理论家,他们又普遍承认市场参与者的行为与市场的制裁之间,存在某种具有意义的联系,一种刺激他们做出合理选择的联系;这些选择联合其他的选择,共同走向联合利益的方向。无能的医生发现了他真正的才能所在,终会改换职业,将其才能用来服务自身的利益,同时服务他人的利

---

① 卡特琳娜·奥达尔(Catherine Audard)译,瑟伊出版社,1987年。

益。当前危机摧毁的正是人们的行为与市场反馈之间这种清晰的联系;更为糟糕的是,它揭露了其虚幻的特征。这一切的发生,就像市场参与者是一些提线木偶,任凭隐身的神灵玩于股掌之间。这种危机是一种意义的危机,它造成的恐慌感是彻头彻尾的。

经济是暴力的,并非人们现在才发现。它的资本主义变体,比如异化和剥削的概念,马克思的论证在今天比任何时候更有价值。那些最伟大的自由主义经济学家都以这样或那样的方式承认,经济是不祥的、有害的和粗暴的。亚当·斯密曾说它是"道德情操败坏"的根源,凯恩斯也曾详尽分析了可能导致经济固化成有害状态的机制,它对所有市场参与者都是厄运,比如罢工和失业,不仅无法回归充分就业的平衡状态,而且推波助澜,越演越烈。

晚近关于这方面的批评既不缺少力度,也不缺乏真相。如法兰克福学派、伊里奇式(illichienne)批评、政治生态学以及汉娜·阿伦特、京特·安德斯、汉斯·尤纳斯等"海德格尔弟子们"的批评实践,都无一例外地阐明了经济暴力的某些方面。

# 第三章
# 经济保护我们免于自身的暴力

人们深知经济暴力的一面,却不甚了解经济曾一度被看作是所有社会在非神圣化过程中用来遏制人类之恶的唯一方式。令人无比诧异的是,论证这一观点的论据大部分正是经济学批判者们用来谴责经济的。具有经济学思维的历史学家阿尔贝特·赫希曼(Albert Hirschman)在这方面表现突出。他在《激情与利益:资本主义在其胜利之前的政治论据》(*The passions and the Interestes: political Arguments for Capitalism Before Its Triumph*)①这本著作中向我们详尽论述了一种观念的产生、种种命运遭际及其衰落的过程。根据这一观念,追求个人利益最大化的经济行为是一剂良药,可以用来

---

① 普林斯顿大学出版社,1977年。

抑制人类过度、无序、相互摧毁的激情。在一个危机重重、深陷国际、国内战争而千疮百孔的社会中,不再依靠宗教进行外部调节,而寄希望于经济。经济可以遏制人类过度的激情,这一想法也许就产生于寻找神圣性的替代品的过程中,一种能够代替神圣性约束个体行为、同时避免社会四分五裂的替代品。历史真是一个莫大的讽刺,正如赫希曼所写,"恰恰是资本主义理所当然为之的事情,很快成了它最为人诟病的特征"①。缩减为经济计算能力的单向度的人类存在,个体的孤绝,关系的贫乏,行为的可预见性,总之,今天所描述的资本主义社会中有关人的异化的一切,因此被认为——正如前文所提到的——将终结人类因荣耀、权力、名声而掀起的血腥又微不足道的杀戮。彼此间的漠不关心,退守私人领域、各自为政的自私自利,这正是人们想象出来治愈人类暴力激情相互传染的良方。赫希曼还引用了孟德斯鸠以及詹姆斯·斯图尔特、大卫·休谟等苏格兰启蒙思想家的观点来支撑自己的论点。

然而,弗里德里克·哈耶克,20 世纪最伟大的哲学家之一,附带还拿了诺贝尔经济学奖,被公认是回归这一理论传统

---

① 阿尔贝特·赫希曼,《激情与利益:资本主义在其胜利之前的政治论据》,第 132 页。

最彻底的人。这位凯恩斯的伟大劲敌,一度曾被边缘化的经济学家,不仅不被凯恩斯主义者待见,更被新古典主义经济学家拒之门外。因为他完全不相信新古典主义的理论基础——刺激理论,该流派很早就完全接受了凯恩斯主义。① 我在前文中提到的经济的无意义,哈耶克将其称作"社会进程中的盲目力量",在他看来,屈服于这种力量正是获得自由、效率、公平以及社会和平的条件。

的确,哈耶克论证使用的一些术语,偶尔让人悖论地想起卢梭,哈耶克最大的"建构主义"敌人之一——恶,产生于人类从属于他人随心所欲的时刻。自由的条件就是避免这种从属关系。补救办法就是人人都服从于一种抽象的、非人的、普遍的、绝对超越个人之上的法则。卢梭希望城邦的法则和自然法则一样铁面无情并具有同样的外在性。而哈耶克的市场法则更加毋庸置疑、讳莫如深,因为"社会的复杂性"阻止个体看清楚,只知道被一股莫名的力量推向一个既无法改变也无法预见的方向。

但这是一个正确的方向,哈耶克向我们保证,他认为市场能够在没有任何刺激的作用下有效运转。在我看来,这正是

---

① 顺便一提:这就是为什么一直向我们灌输的"回归凯恩斯主义"是一个笑话。

这位伟大的思想家带给一般经济均衡模型最大的变革,而绝非说服某些经济学家的主张。要说清楚哈耶克这一观点,必须阐述他的文化选择和演变理论,这里无法做到①。相反,为什么哈耶克认为服从于那些抽象的规律和超越我们的力量——即使是我们自身造成的——是社会公正、和平的条件,要说明这点却很容易。因为这种服从能够让情感、欲望、具有破坏性的激情彻底枯竭。在哈耶克看来,那些在市场中遭遇各种倒霉事,以至于失去了工作、生意甚至生计的人并不会觉得羞辱,因为他清楚,不是谁故意如此做。

我们在这里认出了阿伦特、安德斯以及其他一些学者提出的新型的恶,如广岛、奥斯维辛、核威慑,以及将纳米、生物、信息、认知四大技术会聚一起的高新技术(NBIC会聚技术)等等,但这一次,恶却变成了善!哈耶克接受了维也纳精神病专家维克多·弗兰克尔的建议,将这种新型的恶的体制命名为"自我超越性"体制。维克多·弗兰克尔也是奥斯维辛的幸存者。上个世纪五十年代,他那部令人难忘的著作《人类关于意义的追寻》在英语国家产生的反响甚至比弗洛伊德的作品

---

① 见让-皮埃尔·迪皮伊,《自由主义和社会正义:牺牲与欲望》(*Libéralisme et justice social: le Sacrifice et l'Envie*),第八章"弗里德里克·哈耶克或湮没于社会复杂性中的正义",阿歇特出版社,1997年Pluriel版;2009年再版。

还要大。这种**自我超越的**体制时而影射某种新型的善（总是与关于友爱[*philia*]、友情的某种新的定义紧密联系在一起），时而又指向某种新型的恶（来自我们自身的一种不负责任）？这难道不正是某些人所说的恶的**模糊性**最为鲜明的例证吗？

经济是一种暴力，如马克思以来直到当代资本主义批评这一传统所宣称的那样？还是如传统自由主义包括从孟德斯鸠到哈耶克所认为的——经济是抵制暴力的一剂良药？经济到底是良方还是毒药？

# 第四章
# 经济与神圣

三十年前,当我苦思这一问题的答案不得其解时,我重读了亚当·斯密,并看到了超越这一矛盾的方法。同一时期,我还阅读了勒内·吉拉尔的著作。

我对这位哲学兼经济学家的解读,可以用一句不仅仅是文字游戏的表达来概括。正是通过对"亚当·斯密问题"提出一种新的答案(所谓"亚当·斯密问题",即其两部重要著作《道德情操论》(1759)和《国家财富的本质和原因调查》①(1776)表面上所具有的矛盾性),我得出了如下结论:在斯密那里,经济这个词在两种意义上都包含了暴力。经济具有暴力性,同时它也确确实实可以遏制暴力,正如暴力通过经济表

---

① 前文已经出现过,即汉译本《国富论》。——译注

现出自我节制的能力,从而避免了社会秩序的崩溃。经济之于恶的问题所表现出来的模糊性,从某种意义上来说,是神圣之于暴力所表现出的模糊性的翻版。

这里我还必须引用一条复杂但足以说明问题的注解①。人们总是不厌其烦地说斯密是政治经济学之父,因为他构思了被埃利耶·阿莱维(Elie Halévy)称作"利益的天然和谐"这一模型。个体在自我利益的驱动和自尊心的鼓舞下,如同被一只"看不见的手"操控着,在近乎无知无觉的情况下,创造了社会的繁荣和集体的和谐。正是从这个意义上,斯密的哲学与阿尔贝特·赫希曼所分析的传统的直线相交,但激情除外,它已从这一相交图上消失。②

我曾驳斥了一条我认为错误非常严重的解读,而这一解读几个世纪以来被奉为传奇,广为流传。斯密认为,利益受到它所包含的破坏性激情的损害,从这个词的双重意义上说。按照卢梭的说法,人们爱自己只是出于自尊心,而不是自爱。为了让他人也爱自己,必须获得他人对自己的"好感"。我们渴望财富,不是因为它能满足我们虚幻的物质满足,而是因为它带给我们他人的崇拜之情,一种带着嫉妒色彩的崇拜。社

---

① 很不幸啊,这只是赫希曼自己的解读。
② 参见《自由主义和社会正义》,前揭,第三章"亚当·斯密和羡慕同情"。

会繁荣的同时不可避免地要付出"我们道德情感败坏"的代价。

同一时期,当我阅读了勒内·吉拉尔的暴力和神圣的人类学①,思想上受到了巨大的冲击。在吉拉尔的核心思想中,我发现了同样悖论的结构:暴力通过神圣与它自身拉开距离,以便更好地自我限制。按照圣经里的说法:"撒旦驱逐撒旦。"

吉拉尔重建与漫长的宗教人类学传统之间的联系,该传统一度为第二次世界大战和几十年的结构主义以及后来的后结构主义(解构主义)所中断,并以崭新的方式提出了文化起源的问题。如同涂尔干、莫斯、弗洛伊德、弗雷泽(Frazer)、哈卡尔(Hocart)以及其他社会理论家一样,吉拉尔认为,这一问题与神圣的起源问题是一个问题。吉拉尔的"假设"之所以现在广为人知并得到深入讨论,就在于它提出神圣来自人类暴力的自动显露机制,它通过礼仪习惯、规则制度、禁忌和义务等形式表现出来,超出人类的控制范围,成功地自我遏制。神圣,就是"良性"的、被制度化的暴力,它对表面看起来相反的、无政府的"恶性"暴力进行调节。世界的去神圣化进程构成了我们称为现代性的东西,一种逐渐渗入人类历史的知识对其

---

① 勒内·吉拉尔,《暴力与神圣》(*La Violence et le sacré*),格拉塞出版社,1972年。

产生了深刻的影响:如果良性暴力和恶性暴力其实是一种,两者并没有本质上的不同呢?这种怀疑或者说这一知识,是如何在我们身上发生的呢?吉拉尔对这一问题的回答同样广为人知:基督受难,《新约》中的故事及其解释,向我们揭示了"那些深藏于人类世界形成之初的东西"。

此处我要讨论的不是这个令人震撼的假设,而是吉拉尔人类学开启却没有解决的问题。大革命的成果逐渐摧毁了祭祀体系(systemes sacrificiels)的有效性,任由我们独自面对自身的暴力。这是我们对基督教玩的最糟糕的把戏,也是为什么在马基雅维利(Machiavel)这样的智者看来它是如此危险。在漫长的人类历史中,无数人类社会都经历过其内部暴力导致的自我灭绝式的屠戮,如果这近乎人类的宿命,那么如何解释这种人类不了解的,确切地说,尚未彻底了解的宿命呢?

我在三十多年前出版的一本书中①——该书和加拿大哲学家保罗·迪穆谢尔(Paul Dumouchel)合作发表——做了如下回答:经济通过一种完全不同的方式成为神圣的延续。如同神圣一样,它通过暴力来阻止暴力。通过经济或者神圣,人类得以和自身的暴力保持距离并实现自我调节。正如黑格尔

---

① 保罗·迪穆谢尔(Paul Dumouchel)、让-皮埃尔·迪皮伊,《事物的地狱:勒内·吉拉尔和经济的逻辑》(*L'Enfer des chose. René Girard et la logique de l'économie*),瑟伊出版社,1979年。

所说,这就是为什么"经济是现代世界的基本形式",即一个因诸神退场而处于极度危险中的世界。

在我看来,我们应该在这样一个框架下思考当前的危机,才能为它找到一个意义之所在。

# 第五章
# 经济的自我超越和恐慌

自我超越这一修辞出现在经济思想和以经济为灵感的社会哲学中,比如我在前文中提到的哈耶克的政治经济哲学。① 但这种自我超越从来不具有我刚刚得出的形式。它不是自我超越并自我抑制的恶,而是善中包含的恶(或目的,手段),善需要恶的存在。从某种意义上说,这是一个必须存在的恶,如神义论的经典纲要所言。伯纳德·德·曼德维尔②说过一句话:"个人的恶习,众人的好处",是对它很好的阐释,我们经常透过这句话思考经济意识形态的起源。类似的表述还有歌德在《浮士德》中对恶魔梅菲斯特的定义:"这力量中渴望作恶的

---

① 黑格尔派传统谈的更多的是自动外显(*Entäusserung*)。
② 伯纳德·德·曼德维尔(Bernard de Mandeville, 1670—1733),英国古典经济学家、哲学家。——译注

一部分却总在行善。"这是一种等级对立的形式,其中高层次与来自其自身的低层次相悖,因此遮蔽了两者之间本质上的同一性。

莱昂·瓦尔拉斯(Léon Walras)和他众多的后继者提出的一般经济均衡模型,尽管经过了巨大的数学抽象,但模型的纲要还是一样的。今天,每当人们宣称经济危机彻底摧毁了市场能够自我调控的神话,即市场可以自动回归平衡,人们提出批评的正是这一模型。于是人们下定论,必须对市场进行人为调控。

关于这点,不仅存在严重的概念性混乱,还充斥着大量的范畴性错误。不久前,这些高喊批评言论的人还断言市场自我调控是商品社会中人类异化的标志,因为这一事实意味着市场脱离了人的控制。然而一直以来,对资本主义的批评总是伴随着对商品体系自治性的批判,后者被视为与民主原则相悖,而现在对这个体系的指责恰恰是它无法做到自我调控。

必须指出的是,市场,更广泛地说经济,完全有能力自我调控。但是这种调控,一方面涉及在其内部产生一种将强加于其上的外在性,即所谓的自我超越性;另一方面,从效率和公平的标准上看,这种自我调控的后果又是灾难性的。无论是经济体制持续时期,还是投机欣快期,市场都能够自我调控。即使进入恐慌期,市场仍然能够自我调控。这是市场的基本特征之一,同所有复杂的系统一样,因与果互相影响,形成循环结构。它通过产生它特有的外在性来进行自我调控,这些看似强加于每个经济主体的外在力量,却来自于所有个体行为产生的合力①。人类既影响市场又被迫承受其后果。这里不应该犯的范畴性错误是,将市场对人类的所作所为的价值判断与市场自我调控的结构及其运行机制的动态情况的分析混为一谈。总之,市场的自我调控可能是好的,也可能是坏的,无论怎样都不会减少市场的自我调控。

自我调控是一种产生于内部的外在性,即自我超越性。价格及其动力按照最简单的方式构成了这种外在性:当经济主体遭遇到这种外在性,总是将它想象成无法变动的数据,而实际上他们纠结混乱的选择决定着这些数据。凯恩斯的天才在于,他懂得企业家的预测支配着收入的分配以及消费者的需求。如同占星术明明白白地写着,这些预测普遍都是通货紧缩型的:企业坚信他们找不到买主,消费者和生产者则深信他们根本找不到就业机会。

尤其要明白的是,市场的这种自我超越性正是经济领域

---

① 这个词经常被哈耶克引用,出自苏格兰启蒙思想家亚当·弗格森(Adam Ferguson)的笔下,在他看来,社会秩序是"人类行为的结果,而不是人类计划的结果"(引自《文明社会史论》(*An Essay on the History of Civil Society*)[1767]。——作者译)。

"撒旦驱逐撒旦"的方式。好的暴力裹挟着坏的暴力,让人望而生畏,但两者都处于同一暴力中。某些经济危机的分析偏偏不顾恶是一种必要的存在并服务于善这一事实,费尽心思罗列好与恶的种种对立关系。如"实体"经济和金融经济的对立,调控市场和投机市场的对立,欣快的投机和卖空投机。对危机的理性主义分析就是区分不同种类以便将某些种类排除出去,似乎只有标明犯罪者才能心安理得。他们根据不同情况以及特效由低到高排序如下:金融经济,投机市场,卖空投机。然而,清醒和勇气告诉我们,应该找出的是这些表面差异性背后真正的同一性。

因此,金融经济之所以是恶,因为它是投机之所在,也是虚幻之所在,这正是它与"实体"经济格格不入的地方。后者属于坚固之所在。投机,**窥镜**,镜子。金融经济的镜子在哪里?投机行为在于购买一笔财富不是为了拥有它,而是指望将它出售给另外一个更渴望拥有它的人。镜子就是他人投射在我们所占有的财富上的目光。在金融领域,所谓的"财富"往往只是账册的一笔账目而已,如证券、股票、债券、有价凭证、货币等等。然而,所谓的"实体"经济,尽管针对的是确实存在的财产和服务,但在很大程度上也遵循同样的逻辑:我们渴望拥有一个东西,因为他人的羡慕告诉我们这个东西是有价值的。在此我仍要援引亚当·斯密的话,"什么是财富?"他问,答曰:就是可以将*旁观者*艳羡的目光吸引到我们身上的东西。既然这两者都是建立在反射的逻辑之上的,那么,金融经济和"实体"经济在标准上的对立是站不住脚的。

如同它之前的神圣一样,经济在今天正在丧失其制定规则的能力,而这些规则同时也制约它自身。这才是经济危机的深刻意义。一个等级结构在倒塌时可能会发生的状况,希腊神话赋予它一个名字,即恐慌(panique)①。在恐慌中还有超越性存在(我们将在下一章中讨论),但是它没有自我约束的能力了。相反,恐慌会把一切来自外部的,想要阻止它的一切东西吸收到它的内部。全球伟大的经济学家都以重建国际金融体系——甚至更宏伟的提法,重建资本主义——为己任,这让我情不自禁地联想到《贵人迷》②。剧中有位哲学教师试图以权威的姿态对另外三位教师的争吵进行仲裁,这三位老师分别是音乐老师、舞蹈老师和剑术老师,他们各自认为自己的专业是最好的专业。但很快哲学教师就被卷入争吵中,原来的三人斗嘴升级成了四人吵闹。

傲慢,就是想象自己可以。如同拿破仑一样,给自己戴上皇帝的王冠,企图将自己置于一个超越的位置,也就是以权威

---

① 希腊神话中的牧神潘(Pan)是恐慌的标志。——译注
② 第二幕,第三场。

自居。在危机最深重的时候,我们每天都可以看到傲慢所付出的代价:政府为"稳固市场"注入天文数字的现金流,只换来完全相反的结果。市场得出的结论是:只有恐慌可以解释人们何以达到如此极端的地步。借助于市场的调节功能来谈论"重建资本主义",近乎痴人说梦,因为这意味我们已经解决了外在性消失构成的巨大难题。经济占据了至高无上的位置,如今自食其果。

# 第六章
# 经济的伦理学污染

"使资本主义道德化",给经济添加一定剂量的伦理,对**证券投机者**(*traders*)开展公民教育——这是某些人鼓吹的新道路。但是太晚了,伦理已经被经济蒙蔽了,正如同在一杯自来水中添加一点矿泉水,何用之有?

经济有属于自己的伦理,虽然有时它让我们觉得这个世界生无可恋。就像它能够自我组织一样,虽然有时它会盘旋而下坠向深渊。

经济通过竞争的方式运转,而竞争导致一个无比艰难的世界。人们找不到工作或丢掉工作,企业破产,供应商被长期合作的客户抛弃,投机者豪赌一把却满盘皆输,新开发的产品无人问津,研究者长期艰辛地努力却一无所获,民众在国际竞争中利益亏损,等等。而且这些惩罚往往从天而降,没有道理,无法预见,不可理喻。在哈耶克看来,人们之所以这样说,只是悖论地想让这些惩罚变得可以忍受,尽管没有人想这样。但在现实世界里,这些惩罚却带来耻辱和愤怒,甚至越来越经常地转变为一种绝望。

然而,经济竟想在自己分泌的毒液中找到一种解毒剂。不妨换一种脑筋去理解米尔顿·弗里德曼①对市场发出的热情歌颂:

> 在买卖双方的自愿交易中,简单地说,自由的市场中涌现出来的价格,能够协调数百万人的行为;因为每个人都只关心自己的利益,最终导致所有人的状况得以改善[……]。价格体系是在任何中央指导缺席的情况下完成这一任务的,而且人们既不需要彼此交流,也不需要彼此友爱。②

我不禁做出这样的假设:人们同在一个社会中生存,彼此间却不需要交流,不需要友爱,唯有相互冷漠和自我封闭是确保公共财富的最佳手段,这样的乌托邦简直恐怖至极。但它

---

① 米尔顿·弗里德曼(Milton Friedman,1912—2006),美国著名经济学家,芝加哥学派代表人物,1976年获诺贝尔经济学奖。——译注
② 《选择的自由》,前揭,第5页。(楷体字为本人表强调所用)

却能够真实地存在,并为众多专家学者所承认,一定有其非常强大的理由。

卢梭告诉我们,当激情一旦"因为障碍物从它们感兴趣的物体上转移开[……],更多地专注于试图逃避的障碍物,而不是原本一心渴求的物体"时,恶就出现了。障碍物显然就是竞争者,处于我和我渴求的物体之间。在一个肆意竞争的社会中,竞争者大量存在。关于各社会阶层平等的民主社会,托克维尔曾有过精彩的论述:

> 当所有的出生特权和财产特权被摧毁,当所有的职业一律向众人开放,当人人可以凭借自身努力达到职业顶峰时,广阔而自由的职业生涯将在人类的梦想面前敞开大门,人们欣然想象自己正在接受伟大命运的召唤。然而这正是现实经验每天都在修正的一个错误想法。这种允许每个公民构想宏大希望的平等性却让所有的公民在个体上变得弱小,因为它允许他们欲望不断扩大的同时,也全方位地限制了他们的力量。
> 
> 他们不仅有一种来自自身的无力感,而且感觉每一步都要面对巨大的困难,这是他们一开始完全没有察觉到的。
> 
> 他们摧毁了某些同类令人厌恶的特权,却遭遇了所

有人的挤压。边界改变了形式而不是地点。当所有人几乎相差无几并行走在同一条路上,他们中的任何一个人想走快点,并穿过包围他、挤压他的、如铁板一块的人群,都是非常困难的。①

平等唤起的天性与满足它们而提供的手段之间始终存在着对立,这让灵魂备受煎熬、疲惫不堪。
后面他又写道:

不管一个民族的社会状况和政治组成结构多么民主,我们会发现每一个公民总是关注他身边支配他的几个方面,我们可以预见他会将目光固执地投向这唯一的一侧。当不平等成为一个社会的普通法则,即使最不平等的事也不会被引以为怪。只要一切都差不多在同一水平线上,伤害就会降到最低程度。正是因为这个原因,平等越广泛,对平等的渴求越难以满足。②

竞争的障碍无处不在。恶就是注意力从目标上移开,不

---

① 《论美国的民主》,前揭,第二卷,第二部分,第十三章,"为什么美国人生活安逸却显得如此焦虑?"(楷体字为本人表强调所用)
② 同上。

再关注它，一心只想打倒障碍物，彻底征服它。这种对对手的迷恋大概在爱情战中程度最为强烈了，但如果认为它不存在于经济战争中，那未免太天真了。商界社会新闻每周都不乏这样的新鲜案例。借用卢梭的完美信徒——陀思妥耶夫斯基的说法，"地下室心理"①同样威胁着经济，不断危及我们对它牢不可破的迷恋。

弗里德曼的定义揭示了这个问题的经济学答案的内在意义。既然竞争之恶产生于对障碍物——令人既钦佩又仇恨的对手——的执念，那我们干脆彻底隔离这些主体来杜绝这种危险，他们相互斗争却永远不会相遇。在这一天之前，一般经济均衡的模型看上去还像一个宏伟的建筑，它的设计、建造就是为了激发人们相互间的竞争，并限制他们因此可能对彼此施加的伤害。这离京特·安德斯启示录般的预言似乎并不遥远，他预测了这样一幅世界图景："一个住满毫无恶意的谋杀犯和没有仇恨的受害者的天堂"②。

如果没有敌对，怎么会有竞争？如果没有敌对刺激下的欲望，怎么会有敌意？关于这一点，亚当·斯密深知其中奥秘。然而，欲望一旦登场，羡慕、嫉妒、怨恨等所有坏的激情纷

---

① 此处和下文"地下室的恶"都是影射陀思妥耶夫斯基的《地下室手记》，用来指人类自身的恶。——译注

② 京特·安德斯，《广岛无处不在》，前揭，第171—172页。

沓而至,这些都千真万确地在现实世界里上演。经济学理论暗暗鼓吹的道德伦理实在天真得让人无语了。对于如何解决因破坏性激情带来的暴力问题,它却避而不谈。难道将人变成幽灵,来躲避种种来自地下室的恶[①]?

---

① 此处影射陀思妥耶夫斯基"地下室的人"及人类自身的种种"恶"。——译注

# 第二部分

# 自我超越

正是在思考经济学思想与恶的哲学问题之间的某种相似性的时候,自我超越的概念呈现在我们面前。尽管这一概念不属于经济学家的常规学术武器,但它对于理解市场机制不可或缺。"看不见的手"这一形象对于理解市场机制还不够。市场并不是仅仅自我组织,它还通过自我超越性将自己投射到自身之外,从而实现自我组织。这个外部凝聚成为每一个经济主体视为固定不变的实体,尽管这些实体产生于所有经济主体行为的合力。价格体系就是对此最明显的例证,但还有另外一个更微妙的例证,叫做未来。市场被它所筹划的未来拉着向前,就像一个登山运动员,手抓冰镐沿着冰川的峭壁向上攀援。但是这一形象,它缺少未来自我超越悖论这一基本要素。未来与冰川的峭壁没有相似的地方,因为原则上,未来不存在于当下。然而,现在所发生的一切,似乎证明市场有能力赋予当下尚不存在的一种现实形式。因此,攀越冰岩的形象替换成闵希豪森男爵的形象倒是很合适,据说此人能抓着自己的辫子将自己从深陷的沼泽中拉出来①。

人类能够"看见并预测遥远的未来,就像当下正在发生一样",弗里德里希·尼采写道②。显然,是市场的社会形式使得这种能力最终得以实现。我们需要明白它的原动力是什么?因为它远非一个不可更改的数据。资本主义危机本质上是预测的危机,约翰·梅纳德·凯恩斯先于整个英国经济学界意识到了这一危机。

未来的自我超越性是一个比价格的自我超越性更加难以廓清的概念,我将从后者开始我的考察。

---

① 另一个版本是,抓住靴子的鞋带将自己从泥沼中拉了出来;由此还产生了一个英语词汇 *bootstrap*,专指这一英雄行为。*Boot*,指靴子;*strap*,即鞋带。这个版本来自鲁道夫·埃里希·拉斯佩 1786 年在德国发表的小说《闵希豪森男爵奇遇记》,经历了一系列不可思议的兜兜转转,大概还有量子力学,以及德国科学家移民到美国等因缘际会,这一形象及其英语表达成了法语日常词汇的一部分,甚至还进入到信息技术等领域。例如,当一个程序激活了另一个更为复杂的程序就叫做引导程序(*bootstrapping*)。*Boot* 用作信息技术术语,表示引导计算机进入操作系统(*boot son ordinteur*)。

② 弗里德里希·尼采,《道德谱系学》,第二篇,"错误,良心有愧及其类似物",加尼耶-弗拉马里翁出版社(GF-Flammarion),2002 年。

# 第一章
# 价格的自我超越性

　　市场经济学理论的中心假设是,经济主体、生产者和消费者将价格视为固定不变的数据①,也就是说,价格独立于他们的行为,外在于他们。这些行为由财富的供给和需求构成,而财富又构成了我们所说的经济。同时,经济学家通过对比供给市场和需求市场来解释价格的浮动,这就是著名的"供求法则"。马克思主义经济学家很早就认为,应该揭示这一假设的"矛盾"之处。在他们看来,一方面认为经济主体是价格形成的某种诱因,另一方面又认为这些经济主体某种意义上并不知晓他们行为的影响力,反以为他们的行为导致的价格是固定的数据,这本身是极其矛盾的。马克思主义只能将"资产阶

---

① 英语总是比法语简明,将经济主体称为 price-takers,即"价格接受者"。

级"经济的这种悖论解释为全面异化的反映①。而在市场的理论家们看来,一切都可以缩减为对一个**固定点**的数学研究,他们对其中的悖论完全不以为意。

事实上,经济主体将价格看作固定不变的假设即使不是悖论,但也并非市场经济学家声称的平淡无奇。今天,我们一般认为,经济学理论、理性选择理论、博弈论等通过"均衡"所指的意义与这个词最初在理性机制层面所暗示的东西,没有任何关系。任何一个至少涉及两个经济主体做决定的问题都很会上演**镜面反射**现象,因为每一个主体都会想到另一个主体对自己的看法,诸如此类。某种类型的均衡总对应着一种将这一潜在的无限倒退阻断在某处的方式。除了价格固定假设,市场理论还提出倒退止于价格层面。但是这个理论从未真正地建立起它最核心的假设。经济学家只是笼统地说,主体过于渺小,其行为根本无法对价格造成明显的影响。这一说法本身就存在争议(例如,消费者可以联合起来组成合作社、工会等),它尤其表明经济学家毫不犹豫(甚至毫无了解)

---

① 1960 年代,莫里斯·古德利尔(Maurice Godelier)在其著作《经济的理性与非理性》(*Rationalité et irrationalité en économie*)中提出了如下论点:"在新古典理论中,人们**经常**假设,公司没有能力改变价格,但可以适应它;但是这与**普遍**的一种假设正好背道而驰,普遍的假设认为每一个经济主体通过自己的供给与需求对价格的形成产生影响。"(第33页,楷体字为本人表强调所用。)

地采用了一种形而上学的假设,但其有效性却没有任何保证。我眼下想考察的正是这一敏感点。经济学家很可能会说,既然他们在实践一门科学,那么他们忽略任何形而上学的假设都可以不受指责。尽管人们承认经济配得上科学的地位,但是——这里我借用卡尔·波普尔①的忠告——没有任何科学不依赖于形而上学的基础。学者们与其躲进一个过时的实证论中,莫若清醒地认识它、揭示它隐藏的形而上学,以便对它展开深入的批评讨论。

价格系统不取决于我行为的说法有如下考量。在行动之前,当我决定做出一个选择的时候,我会想:如果做出另外的选择会怎样。通过比较最终选择产生的结果与另一种选择的结果,我认为价格系统固定不变。或者还有另一种情况:我已经行动,我自问如果我做了另外一种选择将会怎样。在比较了已经发生的和可能会发生的,我同样认为价格系统是固定不变的。只存在一个现实世界——哲学上人们更多使用"当下的"这个形容词——尽管很多世界都是可能的,或者在我行动之前都是可能的。我之所以比较,是为了让自己确信我做出的选择是好的选择,或者曾经是好的选择。这不是两个当

---

① 卡尔·波普尔(Karl Popper,1902—1994),犹太裔哲学家,思想家,英国皇家科学院院士。著有《历史决定论的贫困》《开放社会及其敌人》《科学发现的逻辑》《猜想与反驳》等。——译注

下的世界，而是当下的这个世界和其他可能的世界。价格固定的假设在于提出了，在所有的可能世界中，也包括当下的世界，价格是同样的。

认为这段分析画蛇添足的人，我请他稍微耐心一点。我们从中得出的隐含意义是革命性的。能够对当下的世界和另一个可能的世界之间进行比较的语言学和形而上学工具被称为**反事实条件从句**。一个典型的条件式从句"如果……那么"可以是直陈式的（"如果明天下雨，我就不去工作"），也可以是反事实的（"如果我有更多的钱就好了，我就可以给自己买一辆兰博基尼"）。"反事实"这一术语涉及一个与事实相反的前提（"如果我有更多的钱就好了"）的存在，而事实恰恰相反："可怜啊，我现在不会更有钱。"这两种条件句的推论立场完全不同。再举一个经典的例子，句子是这样的："如果不是莎士比亚写了《特洛伊罗斯和克瑞西达》，那就是另一个人写了它。"毫无疑问这个假设也是真的，因为这部戏剧确实存在，它必须有一个作者。相反，赋予反事实条件从句"真实的"意义就非常有问题了："如果莎士比亚当初没有写《特洛伊罗斯和克瑞西达》，那写这部作品的可能就是另一个人了"，人们会认为只有天才的吟游诗人才能创造出这部杰作。

反事实条件从句涉及可能的世界，它们离我们当下的世界，我们唯一拥有的世界非常"近"。我们无法在我们的思想中、我们的推理中撇开这些反事实条件从句。尤其是当一个引人注目的事件发生了,而它原本可以不发生;或者相反,一个事件没有发生,但如果它真的发生了,就会完全打乱我们的生活,或者朝着好的方向或坏的方向改变世界。冷战期间,多少次我们离核战争爆发"近在咫尺"——按照惯用的表达方式,而一旦战争爆发可能将彻底终结人类的历险。也许正是通过这种经常与不可思议的事件之间的调情的方式,我们保护了自己。福岛的灾难原本可以不发生,只要抵挡海啸的堤坝再高几米也许就可以避免。如果它没有发生,核泄漏事件就不会发生,无论如何不会现在发生。在那个潜在的世界里,我们不知道在剃刀边缘行走的民用核工业是多么脆弱,它之所以能存在取决于此类事故没有发生。而事故没有发生之前,这样的灾难是不可想象的。由此我们看到虚拟就存在于真实之中。因为生活在现实世界的自由代理人不断地提出种种关于他们身边潜在世界的问题,而他们能给出的答案,从某种意义上说,取决于他们做出的选择。

对于反事实问题的回答,也就是对于身边潜在世界问题的回答,必然包含一定的不确定性。"如果克莉奥帕特拉的鼻子[①]

---

[①] 源于帕斯卡说过的一句非常有名的话,"如果克莉奥帕特拉的鼻子再短一点的话,整个世界的面貌将为之改观"。——译注

短一点,那么整个世界的面貌会有多大程度的改观呢?"我们发现有各种不同的方式来回答这个问题——它们既非信口开河,也非斩钉截铁,同时也会发现这些回答影响着我们对罗马帝国历史意义的判断。尽管今天的历史学家不是完全心甘情愿,但他们还是承认,他们在学科内所称的某种历史有时候是反事实的,有时候是虚拟的①。但以下这类问题,人们却不能不严肃对待:如果纳粹先于美国人造出了原子弹,今天的世界会是什么样子? 如果苏联在冷战中胜利会怎样呢? 还有……如果圣保罗在逃离大马士革的时候被杀死了,基督教文明没有成为我们的主流文明,今天的世界又会怎样?②

任何历史科学都无法给这些问题提供一个唯一的答案,因为我们处在一个阐释的层面,即寻求意义的层面,而不是因果链的层面。也许因为经济学理论想要成为一门关于自然科学模型的科学,所以它从不直接讨论反事实的问题。但是,它的整个学科大厦都建立在一个我称之为形而上学的立场上。由于它从未被阐明,所以也从未被真正讨论过。本章旨在对

---

① 例如尼尔·弗格森(Niall Ferguson)的著作《虚拟的历史》(*Virtual History*),伦敦:皮卡多尔出版社,1997年。

② 圣保罗原名扫罗,最初迫害过基督徒,后来保罗在大马士革遇到了耶稣,被耶稣点化,成为一个坚定的传道者,后改名保罗。——译注

它展开讨论。

经济学家提出的价格固定假设的理由,将我们引到该理论隐含的反事实问题上去。主体将价格看作是固定的数据、外在的并独立于他们的行为,也就是说在主导他们选择的推理中,他们视价格**反事实地独立于他们的行为**。然而,经济学家支撑这一假设的理由是,经济主体作为个体不会对价格产生**因果**影响。但是,只有我们从因果关系的缺失推导出反事实关系的缺失,这个理由才成为一个理由。然而正是这个理由,而非其他的理由,被拿来构成市场理论的最重要的假设——我要再次强调这点。这一事实意味着经济学家们只看到因果独立带来后果这一可能性,没有看到反事实独立等其他可能性。

我把这一假设称作因果论假设,根据这一假设,当且仅当两个变量之间存在因果独立,它们之间才存在一个反事实独立。也就是说,一个变量只有当它对另一个变量有因果依赖,它才会对后者有反事实依赖。经济学家支撑价格固定假设的理由暴露了他们隐藏的形而上学:他们将因果论的假设看作是合法的。但这也该假设被质疑之处。

我们可以通过大量逻辑严密的例子来证明,即使在因果依赖缺失的情况下也依然存在反事实依赖。这里举其中一个例子。2011年9月11日波士顿,某人错过了她的飞机航班。

即便事情未经证实,从心理学角度也不难想象,这个人还为此事后怕不已,甚至一辈子都会感到后怕。为什么?因为她是这样推理的:"如果我没有错过航班,我将在那次可怕的、举世震惊的空难中死去。"显然,她如此推理的理由基于一种因果假设。我们不妨置身于她的位置来推论一番:我错过或者没有错过航班,与悲剧的发生没有任何因果关系,也就是说没有任何反事实关系。因此,如果我当时没有错过航班,悲剧仍旧会发生,我将如那些遇难者一样死去。但这个推论的结果并非事实。

我举一个个人经历的例子来证明我的观点。我之所以克制自己的情绪,在这里讲述这件事情,是想证明形而上学不是人们声称的冰冷抽象的理论,而是和我们内心深处的体验、情感有着非常密切的关系。我的女儿具有法国、巴西双重国籍,在巴西生活、工作。2009年5月31日,她曾乘坐从里约热内卢飞往巴黎的法航447号航班。如果她的旅行推迟一天,那她就会同那场可怕的空难①中的死难者一样死去。当我在远离巴西和法国的地方得知那场灾难,我也知道

---

① 2009年6月1日,法国航空公司一架从里约热内卢飞往巴黎的447号航班空客A330客机,在巴西圣佩德罗和圣保罗岛屿附近坠毁,机上载有的216名乘客以及12名机组人员全数罹难。此空难为法国航空成立以来最严重的空难,亦是A330客机最严重的首次商业飞行空难。——译注

我的女儿已经在前一天平安无恙地抵达巴黎,但我的脑海里还是冒出这样的想法。也许我错了,因为在女儿面前我无法掩饰自己的后怕,但女儿回答说:"可是爸爸,如果那天我坐上了飞机,空难就不会发生!"她想说的是,她天生运气好,不管她搭乘哪一趟里约飞巴黎的航班,都不会发生空难。不管是理性还是极度乐观,仅凭这一份自信就足以废除因果假设。

所以,像市场理论家那样假设——即便这个假设过于大胆——代理人的行为对价格没有明显的影响,因而价格是固定的,即反事实地独立于他们的选择,这一理由并不充分,更不是必要的。我现在要考察的正是这一点。

如果不论其中的矛盾之处,我们可以假定代理人知道他们对价格有因果影响,同时他们也将价格看作是固定的。20世纪六十年代,马克思主义者将这些代理人激动地称作"异化的人",该词的确切意义是马克思主义赋予的。但这并非必然:如果代理人可以选择行为的方式,那么为什么他们要选择异化的方式呢?我再重申一遍,代理人在自我调整之前,必须选择一种方式终结可能无穷无尽的镜子游戏。他们之所以深陷其中不能自拔,因为渴望了解他人对他们所了解事物的看法,以此类推,无穷无尽。而这个镜子反射现象(spécularité①)的终止点,正是他们所有人想通过一组变量的固定性的假设去建立的。他们头脑清醒,无比真诚,试图**通过公约**(convention)将这些变量视作固定不变的(反事实地独立于他们的行动),尽管他们知道自己对这些变量有一定的因果影响力。这种结构是完全可以想象的,我们正是基于它建立了"协调公约"(convention de coordination)的概念,后者将公民权利(droit de cité)这一概念引入今天的经济学思想中②。

形而上学教会我们一些本质的东西。建立于价格固定假设之上的市场理论不是在自然(行动与价格之间缺少因果联系)中找到它的合法性,而是在公约(或者含蓄一点,称作协议,是具有自由意志的人们为了协调各自行为而签订的)中。这里涉及的不是自然,而是政治。

我们所说的**协调**公约,必须是已经成功达成的协调。为

---

① 来自 speculum,拉丁语镜子的意思。我使用这一新词用来指那种旨在模拟他人思想的认知行为,该行为注意到他人针对我们在做同样的事情,如同一个无穷无尽的嵌套结构,同样的情况还有两面相对的镜子,无限地反射它们各自映照的影像。金融投机出自同样的意象。那么,投机的镜子在哪里呢?大卫·休谟,苏格兰启蒙运动时期另一伟人,亚当·斯密的朋友,他的一句名言为我们给出了答案:"人类的思想如同一面面相互映照的镜子。"(摘自《人性论》(1740),第二章,第二节,第5段)

② 经济学思想的一个重要流派在不同的应用领域(从货币到工作关系)拒绝承认这一概念,这一思想被称为"公约经济"(économie des conventions)为人所知,在美国哲学家戴维·刘易斯(David K. Lewis)的著作《公约:一种哲学的研究》(Convention: A philosophical study)中可以找到其灵感源泉。

了这个目标,所有经济主体对价格确立共同产生因果影响力,而这种影响力所实现的价格,是指导每个计算中主体的行为所必不可少的。因此,计算和因果性之间*循环*的条件是必要条件。这一循环得以实现时,经济学家们称之为某种*平衡*。我们无法想象出比这更加拙劣的词语①,这个词让我们联想到的形象就是两边托盘上盛着同样质量砝码的天平。这一形象遮蔽了本质上的循环关系,这个循环一旦在某一个点上被切断,就必须重新粘连这个点的两端来重建它的整体性。

接下来的问题,也是经济学家按照自己的方式提出来的问题:如何实现这个外科手术?谁是外科手术大夫?

对这个问题最好的回答是,或者应该是:外科手术大夫就是市场本身,在它的自我组织外加一种自我超越中,它成功地投射到自身之外,并使得价格体系中的某些参照点(repères)浮现出来,每个经济主体依据这些参照点来指导自己的行为。极其意味深长的是,市场理论为了不流于简单化,很难从一个简单的结构中脱离出来,求助于一种名副其实但并不现实的

---

① 这一选择很可能受到流亡瑞士的法国经济学家里昂·瓦尔拉斯(Léon Walras)决定性的影响,即所谓"一般均衡"理论的影响。瓦尔拉斯早年接受过工程师培训,受到其父亲的朋友兼老师,数学家及理论力学研究专家奥古斯丁·库尔诺(Augustin Cournot)的影响,其经济学方面的著作经常被引用。瓦尔拉斯的经济学理论中涉及大量的力学比喻,这可以解释我上面所提到的隐藏的形而上学被他忽视的原因。

外在性。瓦尔拉斯(Walras)设想,无论是食品市场还是劳动力,所有市场都按照拍卖大厅的模式在运转。拍卖师公开叫价,通过成功的摸索,确定可以实现供求平衡的价格。只有达到"平衡"的价格并公诸于众,真正的交易才会发生。显然,在瓦尔拉斯的思想中,这只是一种推理方式,一种说话方式——"一切似乎是这样发生的",其实他连片刻也不相信现实会符合思想实验。一般均衡经济理论竟如此极端地简单化,甚至在其思想中被歪曲得面目全非,这是多么讽刺的事啊!今天人们几乎下意识地将它和自由主义意识形态甚至是超级自由主义联系在一起。一般均衡理论在人们称为"市场社会主义"的思想流派中找到了最理想的表达,该流派由波兰经济学家奥斯卡·兰格①及其他几位经济学家创立,他们试图将社会主义生产资料公有制与一般经济均衡决定论适应的价格计算模式相结合。某种程度上,瓦尔拉斯的拍卖师成了国家计划委员(Gosplan)②的秘书,这种混搭体制将追求效率和追求社会公平联系起来。

我禁不住认为,正是由于市场理论自身没有完成相应的

---

① 奥斯卡·兰格(Oskar Lange,1904—1965),波兰经济学家,政治家,外交家。——译注

② 苏联时期的国家机构,负责拟订并执行中央五年经济计划,1921年成立,1991年随苏联解体而解散。——译注

形而上学工作,政治上不如意的事才会接连发生。迄今为止,市场理论还禁止自己思考自我超越的模型,然而该模型恰恰包含在其内部。例如市场社会主义,以为自己**模拟**的是一般经济均衡的模型,却只保留了其价格计算的抽象程序。但是,正如我前面解释过的,导致价格自我超越性的,是基于计算之上的一种因果性循环。通过一种计算或一套程序来模仿一种因果关系,与这种因果关系的实际运作并非一回事,这应该是显而易见的。①

在下一节未来的超越性的研究中,这一结论将被进一步强调。

---

① 曾对人工智能计划提出激烈批评的美国哲学家约翰·希尔勒(John Searle),针对正在实施的在计算机上模拟一些生化过程的计划,也非常坚持这一点。这里不妨借用一下他偏爱举的一个例子:你将消化一块披萨,和你刚刚品尝过那块披萨的滋味,不是一回事。

# 第二章
# 自我超越的未来

与任何一门以科学自居的学科一样,经济学也自认为应该发表一些预测,但这恰恰是它遭人诟病之处!经济学家之所以经常受到嘲笑,因为他们的预测总是出错。如果引用他们临时炮制出来的那些所谓的权威论断,或者指出他们对海啸一般的金融灾难完全没有预见,未免太过残忍。另外,我们还会面临选择的尴尬。那些喜欢对明日的增长率或通货膨胀率妄加揣测的经济学家或政治精英,将其预测失误归因于他们与物理学家或天文学家的根本差异。后者的预测对他们正在研究的玻色子或新超星不会产生任何影响,而当一个知名经济学家或一个伪装成经济学家的政客公开宣布金融体系中某个重要变量将如何演变时,情况则大不一样。经济主体很可能会对这些公开言论深信不疑,并做出适合自己的相应反应,最终导致一个与预测完全迥异的结果。

一个好的预测应当考虑自身对社会产生的影响。一个社会地位卓越的预言者应该考虑到,经济主体会时刻专注于他的公开预测,尤其是涉及未来的预测。我使用"专注"这一动词,想说明经济主体在自己的计算筹划中,将预测的未来视作**固定的**。"固定的"意思是指主体在考虑多种可能的选择时,在其权衡思量过程中,他们将这些涉及未来的数据看作常量。预测者至少应该了解这一点,而且我认为,他们应该有充分的理由了解这一点。

如此说来,预言者岂不是剥夺了经济主体的自由意志?难道他不明白,因为他们是自由的主体,所以他们如人们常说的那样,能够"改变未来"?但是"改变未来"的确切含义是什么?在我们"平庸的"思想中,实现这一成就是不可能的,因为未来和过去一样几乎不可改变。今天所看到的未来不会不同于它将要成为的样子。在现在与未来之间,我什么也改变不了。未来并非我所以为的那样:*假如我做了这件事,未来就会有所不同*(这是个直陈式条件从句①)。

美国哲学家戴维·刘易斯(David K. Lewis),无疑是20

---

① 法语中直陈式条件从句表示这是一个真实存在的假设。相反如果是条件句,则表示一个并不存在的假设。——译注

世纪哲学领域最伟大的逻辑学家,某种程度上可以说是尼采的继承者,曾用下面这段话表达了这一真理,在这段话中,动词的语态和时态起着至关重要的作用。

> 当我们脱口而出地说,我们将"改变未来",我们赋予自己的到底是怎样的能力?这种让未来真真切切地成为它将是的能力,而不是成为它本该成为的那样,如果我们的行为与现在所做的不同。我们可以换一种方式说,我们正在改变这些事情(*We make a difference*)。但这不是一种严格意义上的改变,因为我们引入世界中的差异处于被实现的可能性和那些未被实现的可能性之间,而不是处于连续的现实性之间。严格说来,真相仅仅是:**未来反事实地依赖于现在**。它部分地依赖于我们现在的所作所为。①

然而,预言者从那些听信他预言的主体身上剥夺的,正是这种反事实的依赖性。由于预言者不能否认主体对未来有某种影响力,因此他给他们提供了破坏因果论假设的可能性。

---

① 戴维·刘易斯,"反事实决定性和时间的剑"(Counterfactual Dependence and Time's Arrow),选自《哲学论文》,第二卷,牛津大学出版社,1986 年。(本人翻译)

正如预言者对主体们的想象——主体对未来有一种影响力，同时该影响力又被看作是反事实地对立于他们的行为。预言家正是在这个基础上计算未来将怎样，并考虑其预言的效果，而这一效果在主体的计算中成为固定的参数影响着他们的选择。这里我们再次与循环得以存在的条件相遇，我们在考察价格的超越性时也曾遇到同样的问题。

根据这一模型，预言是什么行为？它不是占卜术，在巨大的卷筒上，没有任何来自未来的信息会"被记录"并传送给预言者。不可逆的时间是一种不可超越的数据。它不属于唯意志论，也不属于决定论。预言者不能随便规定未来，不能仅仅因为适合他或有利于他而强行规定一种未来。他无法不去影响循环的条件，他必须考虑主体的反应。这种联系未来的方式既不是宿命论也不是唯意志论，有它自己的逻辑和形而上学。

难道预言不是一个令哲学家迷恋不已的空洞的思想实验吗，从柏拉图的洞穴到缸中之脑，今天的认知主义哲学家们不都为之绞尽脑汁？如果我们这样想它就大错特错了。事实上，它的外形经历过多次变形，并在人类历史上造成了巨大的影响。圣经预言和市场预言分别代表了预言的开始与终结。

《圣经》的预言者都是非同寻常的人，往往行为怪诞，引人注目。他们的预言之所以对尘世以及事件进程产生影响，不仅有纯粹的人文和社会原因,还因为那些倾听者相信预言者的言论就是耶和华的言论,后者虽然无法被直接倾听,但他要说的话却能够被原原本本地传达。今天,预言者的言论似乎有一种**实现的**能力——它说出这些事情,正是为了让这些事情成为现实。预言家对此心知肚明。我们不禁要得出这样的结论:预言者具有一个革命者的能力——他说话是为了让事情朝着他希望的方向演变。但不要忘了预言具有其宿命的一面:它道出那些将要发生的事情,早已在巨大的历史卷帙上写好,既无可更改,也无法抗拒。正如热雷米(Jérémie)所说:"如果一个库施特人(或一个埃塞俄比亚人)无法改变肤色,一只豹子无法改变斑点,那么你们——习惯于做坏事的你们——可以行善吗?"[①]

革命者式的预言混合了圣经预言两个完全相悖的特点——宿命论和唯意志论,马克思主义对此有过最为激动人心的阐述。德国哲学家汉斯·约纳斯[②]用他自己的话写道:

> 这里,基于一种理性的基础之上,同时通过必须是与

---

① 热雷米,第十三章,第23页,埃米尔·奥斯蒂(Emile Osty),约瑟夫·特兰凯(Joseph Trinquet)翻译,瑟伊出版社,1973年。
② 汉斯·约纳斯(Hans Jonas,1903—1993),德国哲学家,师从于胡塞尔、海德格尔等著名教授。——译注

应该是的非凡的等式,我们做出一个历史-世界的预测。旨在达到某一目的的政治主张,在其预先被承认的真实性证明了其合法性之后,人们因此将其变成了一个检验该理论的要素。因此被决定的政治行为让应该发生的发生,其结果是,对未来要担负的巨大责任极其怪异地混合了一种必然的责任缺失。①

圣经预言包含在它自己的话语中,它要实现它所宣告的,如同命中注定的一般。它的自我指涉是有意识的。预言家寻找问题的**固定点**,正是在一点上,唯意志主义如同命运主宰一般地实现预言。但也存在没有固定点的情况。预言家约纳斯跌入的正是形而上学的陷阱。他知道,其预言通过影响世界这一事实来影响世界并非真的预言。耶和华在人们称为时间的迷宫中给他设置了陷阱,如何能不生他的气?

当预言家宣布,预言的未来与因此被实现的未来之间的某一固定点就是未来,也就是未来的某种形象——如同预言

---

① 汉斯·约纳斯,《责任原则——一种关于技术文明的伦理》(*Le principe responsabilité : Une Éthique pour la Civilisation technologique*),让·格雷施(Jean Greisch)译,Champs丛书,弗拉马里翁出版社,2008年,第221页。

所引起的反应——会因果性地产生一种与该形象相符的未来,这一未来因此得以实现,于是所有人都相信预言家的话是真的。然而预言家说的并非是真的,因为未来本应该像一个奇迹一样出现在他面前。事实上,他了解其预言对公众的影响,他对此早有筹划。

自我实现预言(self-fulfilling prophecy)这一概念首先是被社会学理论,然后是被经济学理论打造出来的,用来描述披着事实外衣的未来。它并非一开始就是真实的,而是因为它在那些传播这一预言的人中间引起了反响,这种反响即便没有将预言说成千真万确,至少也认为预言与未来实际情况基本一致。经济危机让世界深陷泥潭,也让这一复杂的概念获得了前所未有的名声。我们试图理解为什么会这样。自我实现预言在经济上有一个经典案例,所有的经济专家都预言了一个相同的价格增长率,并在这个基础上进行各种经济计算,结果价格增长率与预言的完全一致。诸位也许想说,我这里所指的预言只是自我实现预言所采取的种种形式中的一种而已,但这可能错过了一个非常关键的反思的要素。事实上,预言家发表预言的时候,早已对我们刚刚所说的现象心知肚明。他预言未来的时候,就知道它们会按照自我实现预言的程序被实现。自我实现预言的逻辑很容易在传统形而上学框架下被描述。预言家对未来的清醒认知带来的再度反思,让我们突然转向另一种时间形而上学,这正是将要论证的问题。

# 第三章
# 金融恐慌状况下的公共言论

我们阅读和倾听了分析家们关于 2007 年夏天动摇世界的金融危机的报告之后,感觉经济自我超越的模式似乎已经变得平庸无奇了,尽管他们没有这样说。事实上,有关这一话题以及市场自我调节的各种混乱言论,都令人非常担忧。忧虑之余,却也暴露了我称之为政治的经济欺骗这一事实。

公众人物口中要面对的困境是这样的:如果说出灾难论人士所推测的"真相",很可能引起"市场"恐慌,并导致所宣告的灾难加速到来,也就是"自我实现预言①"所设想的状况。

---

① 我们曾读到如下文字:"我们理解我们的领导人对拉响警报所持的保留态度——世界银行行长,美国人罗伯特·佐利克(Robert Zoellick),一个智者,2011 年 9 月 6 日星期二,非常确信地说美国没有经济衰退的威胁。困境是:如果说出目前形势的实际状况,很可能会让所有经济主体(**转下页注**)

或者保持沉默,在危机之后表现出无能为力抑或一副操纵者的面孔?另外,保持沉默就不会引起灾难吗?沉默隐瞒了可怕的真相①,不是更加令人生疑?

难道我们看不出来问题提出的方式存在严重的悖论?一方面,我们承认声称有预见性的公共言论对未来会产生影响。另一方面,我们的行动却照旧,就好像有一种现实可以独立于我们观察它、谈论它的方式;事情是怎样就是怎样,显示其真相并不会给它们带来明显的改变。值得注意的是,后者除了与前者自相矛盾之外,它还被人类事务中一种自认为科学的方法所认可,尽管这种方法在自然与生命科学中被抛弃已久。

预言家之所以和其他民众区分开来,因为预言家与普遍的镜子反射现象(spécularité générale)保持某种距离。预言家

---

(接上页注)非常绝望,并参与到一个灾难预言的自我实现中去。"(2011年9月6日,《世界报》社论)还有一个例子:雅克·德洛尔(Jacqes Delors),一个诚实的人——如果这世上还有的话,也是一个智者:"三个星期前,我曾经说过,欧元面临崩溃的深渊。有人说我这是让市场恐慌的一种手段,可惜啊,*种种事件令人悲伤地证明我是对的*"(LeMonde.fr,2011年9月18日;楷体字部分本人为强调所用。)

① 于是,财经记者阿兰·傅雅思(Alain Faujas),在2011年9月9日至10日马赛召开的G7会议的相关报道中指出,"舆论对经济领导权的要求与G7集团的谨慎,两者之间格格不入。*G7害怕因为公开危机引起海啸,反而因为其沉默造成危机降临*。也许应该回到G7创立初期,那时候G7会议既没有记者,也没有大张旗鼓地宣传?一个成员回答说:'他们中没有一个会错过这次会议,但这也许更糟糕,因为我们从这种谨慎中看到形势恶化的证据。'"傅雅思总结道:"对于G7来说,这是无法完成的任务。"(《世界报》,2011年9月13日。楷体字部分为本人表强调所用。)

的话被视为真话,关于未来的真话,在经济主体的推理中,预言家的真话是一个固定数据。但实际上预言家与普遍的镜子反射现象的距离并不大,甚至非常小,为了确定未来,他们甚至会把这种反射现象纳入他们的算计中,预言的未来和现实的未来于是就重合了。人们也许会想,从经济主体的角度看,最好的预言家其实并非那些不考虑自己言语后果的人,而是那些知道或猜出未来的人,即我说的专家。

揭开未来面纱的方式有三种,很容易区分它们:预测、展望和预言。预测者参照他所研究的人类与社会体系,如同他要预测自然世界某一个动态系统的演变一样:给它建一个数学模型。要么用分析方法解决它,要么"求助于"一台电脑。例如,预测未来中国能源消耗量和计算空间探测轨道,两者在方法上没有什么不同。展望者表现为另一种极端。他们鼓吹自由意志,拒绝建立任何关于未来的某种认知,声称"未来无法预见,它自我建构"。他们以探索整个"未来可能性[1]"为己任,书写未来的种种脚本,描绘"未来的一千种路径[2]",然后将选择的

---

[1] 或者现已被接受的说法——"可能的未来",伯纳德·德·茹弗内尔(Bertrand de Jouvenel)是该方法的创造者,1960年代初期,他和贝尔杰·贝杰(Gaston Berger)共同打造了这一概念。

[2] 雅克·勒苏尔纳(Jacques Lesourne),出色的未来学家,提出了这一令人欣喜的表达(参见《未来的一千种道路》[*Mille Sentiers de l'avenir*],西格斯出版社,1981年)。

任务交给政治权力部门去完成。预测者过分相信一种决定论科学,展望者过分相信人类的自由意志。我前面描述的预言家,他们的方法则位于这两种极端之间。

从某种意义上说,无所不知的专家,正是预测家。我在前文中说过,经济主体更喜欢与专家而不是预言家打交道。经济主体到底要寻找什么?对他们来说,与人们对未来①所持有的共同形象保持协调一致,最为重要。专家只是知其然,并不关心其所以然,比如原因、可能性的条件,对现实的影响,等等。专家常常是比预言家更可靠的向导,后者的认知过多反映其自身而令人怀疑。这是一个需要阐明的悖论。

在全球化进程中,不仅仅成千上万的经济主体,还有成千上万的决策者,你,我,以及高盛或者苹果的总裁,每一个人都必须协调他们的行为,却不必时刻考虑旁人的想法,以及旁人对旁人的想法,诸如此类,可以无限推演下去。为满足经济主体持续的忧虑,这种无限制的镜子反射也许不可缺少,但实在有些疯狂。凭借市场这一社会形式,这一问题非常体面地得

---

① 某一人群的共同知识(英语是 common knowledge)的提法如果是真的,那么每个人都知道它是真的,每个人都知道人人都知道它是真的……如果这样的句子"无穷无尽延续下去",最后一个句子的确切意义将高度值得怀疑。参见让-皮埃尔·迪皮伊,"共同知识和常识"(Common Knowledge and Common Sense),《理论和决定》(Theory and Decision),1989 年,第 27 期,第 37—62 页。

到了解决。每个人并不直接参照别人的想法,而是参照人们所谓的"接口变量"——系统性理论中非常丑陋的行话——即打断面对面反射的变量,也是所有人不约而同将其视为固定参照点的变量。需要明白的是,这些变量反事实地独立于他们的行为,尽管他们也知道它们产生于他们行为的合力。我们考察了两大类接口变量:价格和未来。**市场通过未来实现协调**。它在一个虚拟的牵拉点的作用下向前投射,这一牵拉点只能通过这一行为并在其中得以实现。这样的奇事与我在前言中提到的闵希豪森男爵的奇遇如出一辙。

现在我们明白为什么专家可以是一个有用的甚至不可或缺的添加剂。"专家是停止思考的人——而且他知道!"伟大的建筑设计师弗兰克·劳埃德·赖特[1]曾经不无残酷地说。市场并不要求更多,且经常如此。它只须与众人心目中关于未来的形象协调一致,虽然由于其源头和根基,这个形象并不可信,但这又有什么关系呢?这就是安德烈·奥尔良所说的里根效应[2]。1987年12月的某一天,里根总统宣布,美元太

---

[1] 弗兰克·劳埃德·赖特(Frank Lloyd Wright, 1867—1959),美国最伟大的建筑设计师。——译注

[2] 安德烈·奥尔良(André Orléan),"凯恩斯投机理论的自我指涉"(L'autoréférence dans la théorie keynésienne de la spéculation),《政治经济学笔记》(Cahiers d'économie politique),1988年,第14—15期,第229—242页。

低了,它应该回涨,而且它很快将上涨。任何一个外汇经纪人都不会相信总统的经济宣言,哪怕是一丝一毫的相信。为了让自己的话令人信服,总统先生还指责美国的竞争者采用的利率太低了。如果有人认为一种外汇因利息提高而备受追捧,这种看法一点也不奇怪。最终,大多数投资者一听到这个消息,就立即买入美元。这是非理性吗?不是,因为他们预测其他人会做同样的事,而这将会使美元价格抬升。事情的确已经这样发生了。

"专家"的预测就这样被实现了。大部分时候,市场对预测的可信度甚至不会提出质疑,因为重要的是首先不能弄错他人的预测。那些公认的权威机构言之凿凿公布出来的异想天开的预测①,谁还能记得?而预言家则处于另一种处境中。对于圣经中的预言,《申命记》告诉我们,识别真正的预言唯一正确的标准是,它的话被实现,它的预言确凿无疑:

---

① 《病毒B:金融和数学危机》(*Le Virus B. Crise financière et mathématiques*)是一本关于危机的出色小书,其中选编了此类预测。克里斯蒂安·沃尔特(Christian Walter)和米歇尔·德·普拉孔塔(Michel de Pracontal)著,瑟伊出版社,2009年出版。例如:"总之,在美国房地产泡沫几乎不可能成真"(阿兰·格林斯潘,美联储主席2004年10月21日);"次贷危机不会对增长产生严重影响"(多米尼克·斯特劳斯-卡恩[Dominique Strausse-kahn],国际货币基金组织总裁,2007年10月1日刚刚宣布);"不动产危机和金融危机对美国实体经济似乎没有产生影响,认为会对法国经济产生影响是没有道理的"(克里斯蒂娜·拉加德[Christine Lagarde],法国财政部长,2007年11月5日)。

> 当预言家以耶稣的名义说话,你也许会在心里说:
> "我们如何识别这句话并非耶稣说的?"如果他说的并没
> 有发生或出现,这就不是耶稣说的。预言家是通过推测
> 来说话的,所以你不必害怕他![1]

正是预言的非实现性(non-réalisation)证明它不是源自超验。未来是唯一的裁判者。专家没有这方面的约束,他可以随便说。对于经济交易者最重要的是,人人都确信其他人在计算中会把专家预言作为参照点,这就是共识。

鉴定书因天生的近视而导致的愚蠢常常是灾难性的。某些资信评估公司就是例子。将当前形势的评估公之于众,除了强化过去的趋势之外,不会给未来带来任何其他选择。不止一次承认自己低能的那一小撮专家,被不祥的立法机构[2]赋予某种权力和影响力,造成的结果就是一次糟糕的评分将

---

[1] 《申命记》,第十八章,第21—22条,引自原译本。

[2] 调节造成的地狱是由善意的愿望铺就的。众所周知,有某几家资信评估公司在2008年金融危机中如眼瞎耳聋者一般,而在对银行或国家的负向风险评估中,它们却被美国法规当然也就是国际法规赋予官方指导的重要地位。一个像希腊这样的国家的负债如果足够高,就会得到一个非常有损名誉的评级,那么投资者就会纷纷撤资。有些人认为必须这样做。如果这种做法的目的是为了保护债权人免遭债务人破产的风险,那最终导致的结果却是灾难性的。为什么会出现这种彻头彻尾的惨败? 只有一个根源:对自我超越模式的无知。

加速该银行或国家评分的急剧下滑,就是,即使它竭尽全力也难以摆脱困境。美国的机构投资人坚持收回本金,导致这些差评银行或国家的借款成本急剧上升,完全无法承受。这些评估公司叫嚷者:我们不是病人,我们是温度计!就像显示的温度对疾病的演变没有任何影响!我们谴责这些评估公司篡夺神谕的功能。但是,神谕如同预言家,为了客观公正,应该考虑到预言对事件进程的影响。即尽一切可能防止悲剧性预言成为导致其实现的原因。在这点上,神谕已经预见到了,这就是为什么它总是公正的。让我们想想将俄狄浦斯无可挽回地引向不幸的**命运之力量**吧。然而,资信评估公司披着客观和中立的外衣,却在行见习巫师之实。即使未来似乎证实了他们悲观的评价,那也是因为他们广告式的评价造成了这样的未来。他们口口声声说,他们只是预测对了,至于最后的结果与他们没有任何关系。这是鉴定书的愚蠢的谎言。

经济征服政治最有说服力的标志就是,今天人们总是期待国家元首是一个经济方面的专家,他的鉴定能力越被高估,他被选举或被任命的机会就越大。有一些经济学家已经被民众推到最高权力宝座之上,但是,一个按照经济学家的方式思考、行为的国家元首只能是一个误入歧途的执政者。

# 第四章
# 灾难时期的沟通

面对种种气候灾难,越来越多的专家向我们宣布,如果人类不彻底改变发展方式,我们的认知和实践状况将更加严峻。一方面,鉴定书让我们确信气候变暖不容置疑,其根本原因是人类的活动,给地区乃至全球都带来了灾难性后果。另一方面,同样是这份鉴定书,承认一种巨大的不确定性会影响它的预测,例如,我们不知道全球平均气温在 2100 年会升高 1.5°还是 6°!

这种伴随着不确定性的确定性,在非专家(包含广义上的政界人士和决策者)那里,引起了从极度恐慌到冷漠这两种对比强烈的反应。所有坚信形势严峻、必须快速行动的人都会提出这样的问题,如何定义预测的不确定性? 还有另外一个问题,如何向人类社会介绍这种不确定性。在我看来,如果人们的脑袋里有自我超越的模式,很多混乱都是可以避免的。

当科学家或者工程师打算讨论风险问题,他们十有八九会区分两种风险,一种是科学可以确切描述的、"客观的"风险,另一种是"感觉到的"或者说"主观的"风险,是那些信息掌握不够或者干脆就是非理性的个体所特有的。与社会建立了不起的"沟通",是科学自认要承担的任务。这种沟通归根结底就是要告知并教育公众,他们所感觉到的风险就是"客观的"风险,而且这才是唯一真正的风险。

这种区分是不可接受的,因为它建立在经济主体身份与主观性之间严重的哲学混乱之上。科学家所感知的风险并不一定比经济主体所感知的风险更客观。能够解释两者不同的是一个极其客观的数据,即观察者相对于风险的位置。假设两种极端的情况。一种情况,观察者自称在方法论上外在于行为;另一种情况,观察者和主体混淆不清(例如汽车驾驶者):有充分理由说明他们对风险的感知是不同的,这些理由与观察者-主体的非理性没有任何关系。

与人们不公平的指责相反,GIEC(政府间气候研究专家组)总是强调不确定性给他们的预测带来重重困难,却从未掩盖下面这则令人震惊的消息的确切性:到2100年,气温上升幅度为1.5°到6°之间。该消息所具有的不确定性一半来自未来几十年内全球范围里温室气体排放的不确定性,而后者的不确定性又来自各种政策的不确定性,既有极不负责任的宽容主义,又有极具挑衅性的专断主义。

在气候变化的不确定性中,一些心理和道德因素起着很大的作用,于是一些人就想下结论说,这种不确定性是主观的。这是一个非常严重的错误。

这是用一种简单粗暴的方式来对待气候问题,宽泛地说,对待整个生态系统。人类在其中既是观察者又是参与者,如同在物理学动态系统中一样。人们错在想按照自己的意愿扮演预测专家的角色,即使 GIEC 的未来学家和他们的发言人也不曾这样做,他们更喜欢按照社会展望学的方法编写剧本。这也不是自命不凡。这里只有预言者的态度——我是在技术和完全世俗化的意义上使用这一词语的——是恰当的。

人类活动对气候产生影响,气候变暖很大程度上由人类活动造成。未来的各种决策也将对全球范围内的气候变化产生影响。重大灾害发生与否,取决于人类是否能下定决心限制温室气体的排放。如果事情的发生完全背道而驰,那么像 GIEC 这样的机构就没有存在的理由。那么多专家、学者孜孜以求地探索气候变化的决定因素,并非仅仅出于对科学的热爱,而是渴望对政治家的决策以及民众的观念产生影响。对这些专家来说,他们自以为即使不能改变气候本身,至少可以改变公众舆论所谓的气候。

这一切可能看起来很平常。但预测的时候却丝毫没有考虑这些让人感到诧异。诚然,减少温室气体排放的政策会在模型中起干预作用,但它们是以无关变量或参变量的形式进行干预的,就像人类的行为是一个独立或外生的变量。这个变量的值决定了全部"未来可能性"中的某一特殊场景。被视为客观的东西(物理体系)与被认为主观的、与某种自由意志相联系的东西之间的彻底分离,是一个严重的方法论和哲学上的错误,因为基本的因果联系被忽略了。将要做出的决定部分地取决于对未来的预测并将其公之于众,而未来本身又取决于将要做出的决定。这个因果循环意味着人类的知识,包括对未来的知识,与行动是分不开的,它禁止将行为视为一个独立的变量。

关于 GIEC 运行机制的争论集中在某些看似重要实是细枝末节的问题上,例如:专家是否诚实,在谈论结果真实性时表现出的谨慎或者尴尬,等等。但实际上,这些结果只有在公众无法进入的模式框架下才具有意义。另一方面,未来的预言对未来本身的因果影响问题,即自我超越这样的关键问题却没有得到讨论。如果未来因果性地取决于它被预测的模式,并通过某种语言以及某种描述方式被公之于众,那么,考量未来确定性的时候就必须考虑这些因素,它们被公众和决策者接受的方式,以及它们积极塑造舆论的方式。**对未来的描述是未来的一个决定因素。**认识论和本体论相互循环,公共事务的客观特性正在于此。这一条件给出了描述未来的可接受的标准类型,即这一描述下的未来必须导致某些反应,以便未来按照所描述的那样发生。

此处,心理学,特别是认知心理学有发言权,而且丝毫不会剥夺该过程的客观性。我们对理性的看法包括一个原则,即选择不应该取决于分配的(或操作的)方式。比如,描述它们的方式,或者按照认知心理学术语说,它们"被框架的"(*framed*)方式。已故的阿莫斯·特沃斯基[①]在斯坦福大学开展了一系列令人瞩目的实验表明,实验对象会因为问题提出的形式不同而彻底改变他们原来的偏好。我选择其中一种实验进行介绍,因为它可以驳斥经常在经济学与生态学相互联系的讨论中出现的诡辩。

我们让实验对象先后回答以下三个关于选择的问题:

问题1:选择你偏好的选项[②]:

---

① 阿莫斯·特沃斯基(Amos Tversky, 1937—1996),美国行为科学家,以研究决策过程而著名。他的工作不仅对心理学,而且对经济、法律等需要面对不确定性进行决策的领域都产生了很大影响。——译注

② 每个表格最后一列中的百分比表示实验对象选择该选项的比例。在问题1中,78%的受访者表示他们倾向于选择A,其余的22%则倾向于选择B。

| (A) | 确定可以挣到 30 美金 | 78% |
| (B) | 有 80% 的可能性挣到 45 美金 | 22% |

问题 2:假设下列游戏包含两个阶段。第一阶段,你有 75% 的可能性在游戏结束时一无所获,25% 的可能性进入第二阶段。如果你到达第二阶段,你有两种选择:

| (C) | 确定可以挣到 30 美金 | 74% |
| (D) | 80% 的可能性挣到 45 美金 | 26% |

在游戏开始之前,你有两个选项,选择你偏好的选项。

问题 3:选择你偏好的选项:

| (E) | 有 25% 的可能性挣到 30 美金 | 42% |
| (F) | 有 20% 的可能性挣到 45 美金 | 58% |

很显然,这三个问题在逻辑上是一致的。问题 2 和 3 在算术上是相同的。对于问题 1 和问题 2,如果问题 2 到达第二阶段,则它们是相同的;如果游戏在第一步停止,那么选择选项 C 或选项 D,对结果不会有任何改变。但是,我们可以看到,如果实验对象用类似的方式回答了问题 1 和问题 2,那么,他们对第三个问题的回答将会完全不同。

对问题 1 和问题 3 的不同回答证实了著名的"阿莱斯悖

论"。1952年,未来诺贝尔经济学奖获得者莫里斯·阿莱斯[①]证明了主体的偏好(包括同时代最好的理性选择理论家!)系统地违背了期望效用数学理论的公理。特别是,在某种程度上远离确定性的情况(此处概率从100%减到80%,降低了20%)比平均概率区域类似的减少(此处从25%减到20%)要大得多。由于确定性本身是有价值和被期待的,主体已经准备好为确定性付出所需的代价。这就是为什么他们在问题1中更倾向选项A而不是选项B,即使第二个选项给他们更高的效用期望值(36美元,即45美元的80%,而不是30美元)。在问题3中,他们大多数都更喜欢F选项,而不是E选项。特沃斯基将此效应命名为"确定性效应"。

但是,这里最令人困惑的是对问题2和问题3的不同反应,两个问题在算术上也是相同的。唯一的解释是,实验对象对问题2和问题1的处理方式是一样的,都是根据确定性效应来处理问题。然而,问题2中没有任何确定性,或者可以说,确定性仅仅是幻象,因为人们提出该问题时,只是随意地将其分解为两个阶段。特沃斯基此处谈到了"伪确定性的影响",并使用了"偶然的确定性"这一矛盾修辞。

---

① 莫里斯·阿莱斯(Maurice Allais, 1911—),法国经济学家,诺贝尔经济学获奖者。——译注

阿莫斯·特沃斯基——这位英勇善战的前以色列国防军军官,曾非常敏锐地指出"偶然方式导致的确定结果"不仅在谈判场合起着关键作用,而且在所有利益冲突、价值相左的情况下都起着举足轻重的作用。1993年,特沃斯基曾毫不犹豫地举了下面的例子。设想一个四面被敌人包围的民主国家,针对是否归还它所占领的外国领土展开政治辩论。战争情况下,这些被占领的外国领土意味着手握重要王牌,毫无疑问会加大胜算。但另一方面,归还这些领土必定降低战争的可能性,只是究竟能降低多少,无法确定。我们可以断定,支持继续占领者将在政治辩论中占上风,因为这就是偶然确定性对一个单纯概率的优越性——人们选择C而不会选择E。

工业和技术发展引起的困境表现出许多类似的情况。最棘手的例子就是发达国家民众在经济和生态之间进行抉择,特别是在全球变暖问题上的抉择。占主导的观点认为,任何情况下都不能以保护环境为理由牺牲经济。万一遇到气候灾难,拥有强大的经济和有效的技术去面对才是硬道理。面对经济持续增长将加大重大生态危机的概率这一论点,这种伪确定性效应总能占据上风。

"戳穿"伪确定性效应,证明偶然确定性不过是纯粹的幻觉,可能吗?这相当于在形式上"限定"那些决定,只要情况许可,就用第三种提法而不是第二种。但是,我们紧接着又碰到另一个认知障碍:人们通常很难处理介于0和1之间的概率,并且倾向于用专业行话来思考确定性或不可能性的形态。

加州大学圣巴巴拉分校的认知心理学家丽达·科斯米德斯(Leda Cosmides)和约翰·托比(John Tooby)有一个非常著名的实验,他们用令人惊叹的方式证明了这一点。该实验向包括医生在内的一群人提出如下问题:有一种疾病,平均一千人中有一个会感染它。有一种能检测它的检查,但有5%的错误率。如果你的检查结果是好的,你有多大可能患上这种疾病?正如贝叶斯经典分析[①](analyse bayésienne classique)所证明的那样,包括医生在内的绝大多数受测对象回答是95%。正确答案是2%。令人奇怪的是,让正确答案对大多数受测者来说一目了然,只需用频率来提出问题就足够了,无需用概率来提问。在被检查的1000人中,平均有一人患有这种疾病,并且测试对这个人会产生积极的影响(如果没有错误的消极影响),但对另外50人来说也是正面的。51名实验阳性的人中只有一人确实患有这种疾病。

如果像科斯米德斯和托比所说的那样,人类的大脑是一个频率机器,非常不擅长去推理一些特殊的,甚至独一无二的

---

① 贝叶斯分析方法是基于贝叶斯定理而发展起来用于系统地阐述和解决统计问题的方法。——译注

事件,比如一个重大的生态灾难。因此,他很难避免伪准确性效应的陷阱。

我们未来的气候,简单地说,我们的未来,至少依赖于信仰形成的集体认知机制,以及支配水文现象或高层大气层的物理化学规律。这些机制的客观性也许已经部分地烙印在我们思想的"接线图"(plan de câblage)中,并发挥着它们的威力。

2004年7月4日,世界报记者埃里克·勒·布歇(Eric Le Boucher)故意用一个挑衅性的标题撰写了一条丑闻:"京都议定书奄奄一息,让我们来了结它!"

> 生态学家已经使京都称为一个禁忌:他们谴责拖延战术未必是错误的,把努力推迟到第二天总是让人心生疑窦。但是,他们也应该明白,他们自以为借助气候已将世界引向一种新的发展模式,这也是错误的。纯属幻想而已。
>
> 对第三世界来说是幻想,因为他们要消费;对富裕国家来说也是幻想,因为他们不接受倒退。生态不能对抗经济,保护环境不能以发展为代价。死抓着地球未来的末日幻想,这种生态终将输掉比赛。进步才是解决由进步带来的危机的唯一办法。

显然，这位记者掉入了伪准确性效应的陷阱里，以及只会重复类似言论的美国乔治·布什政府的坑里。我认为这是不负责任的做法，我坚信这一点。这里我只想表明一点，在谴责它之前，应该充分衡量那些赋予它合法性外衣的**客观机制**的力量的大小。

再一次受到质疑的，是人类城邦中扮演专家和预言家的人。专家在他的领域（这里指气候科学）掌握着真相，他的任务是将它传递给社会上其他人，这是一个"沟通"问题。至于预言家，他相信任何真相都不能独立于真相的传播方式。对他来说，认知机制和群体现象的客观性的重要程度丝毫不亚于气候科学的客观性。所以，GIEC如果有错误，它的错误就在于，无法在这两种态度之间做出决断。

# 第五章
# 无话语的自我超越

市场并不一定要通过预言家的言论,或者按照次一级版本——专家的言论,才能产生自我超越能力。我们已经从价格方面考察过它,它是自发地,也就是说,下意识地形成并充当经济主体的向导,根本不需要瓦拉斯式的拍卖师,或者奥斯卡·兰格式的中央办公室。关于未来的自我超越性我们可以做出同样的评价。仅凭事物的运动就足以为未来指明一个毋庸置疑的方向,以至于每个人甚至不需要和其他人交换意见就确信无疑,这就是历史的方向,历史就是这样呈现的。顺便说一下,人们知道这个方向仅仅是每个人都看向这同一方向的结果。

从亚当·斯密到约翰·梅纳德·凯恩斯,再到弗里德里希·哈耶克,任何伟大的经济学家,无论他来自何种阵营,都善于感知和理论化,而且绝不会动摇经济学家深刻的信念。这里起决定性作用的,是市场现象的一个特点:模仿。经济领域正是勒内·基拉尔(René Girard)所说的模仿欲望①尽情展现的自由天地。无论靠广告刺激的时尚界,还是与知识界相反的商界,模仿随处可见,人们并不避讳模仿对手。更微妙的是,当人们处于极端不确定状态时,模仿他人就成了一条规则。凯恩斯深知这一点。既然概率计算毫无用处,那么最好的做法就是模仿他的邻人。也许他们了解相关信息也说不准?如果真是这样,按照他们所做的照葫芦画瓢,那就可以借助他们了解的信息间接受益。也许他们和我们一样,两眼一抹黑。到底是哪种情况,我们对此一无所知。

然而,模仿动力学的性质与那些借鉴理论力学或热力学的性质截然不同,经济学家对后者的思考仅仅借助"供求规律"这样的陈旧表达。在市场理论的和谐世界中,偏离平衡点会产生使它回归的力量,就像偏离垂直位置的摆锤或被压缩的弹簧。对产品的需求增长会导致其价格上涨,阻止消费者的购买欲望,并刺激生产者制造更多的产品,直到供应和需求重新统一。模仿动力学放大了这些偏离并产生一些意想不到

---

① 参见保罗·迪穆谢尔和让-皮埃尔·迪皮伊的《事物的地狱》,前揭;以及让-皮埃尔·迪皮伊的《自由主义和社会正义》,前揭。

的新方向。

这里我必须引入一个重要的概念区分,它很早由自我组织的新控制论提出,涉及偶然在一个复杂的显现顺序的构成中所起的作用,且无须借助设计师。这两种不同的形态发生原则是:*依据噪音的顺序和依据噪音的复杂性*[①]。为了说明这两个原则之间形式上的差异,我将介绍两个只需初等数学知识就可理解的思想实验。

第一个实验一直在巴黎探索宫持续进行,许多参观者自愿参与其中。自1937年探索宫创建以来,一直如此。该实验就是在等距网格线上随意抛针。针的长度是两条相邻线之间距离的一半。有两种可能的情况:要么针与网格的某一条线相交,要么不相交。计数器随时计算相交情况的概率。随着时间的推移,数百万人参与到这项简单的事业中。相交的概率经历了较大的波动后逐渐减弱,并且越来越接近今天已知精度为几千位小数的值。它前面的数字是:0.318309886183791……事实证明,这个收敛值是 $\pi$ 的倒

---

① 这些表达方式由新控制论传统创造并使用,特别是海因茨·冯·福斯特(Heinz von Foerster)、亨利·阿特兰(Henri Atlan)和弗朗西斯科·瓦里拉(Francisco Varela)。关于这一传统,以及与第一控制论和一般认知科学的关系,可以参阅让-皮埃尔·迪皮伊,《思想的机械化》(*The Mechanization of the Mind*),普林斯顿大学出版社,2000年。

数,即圆的圆周与其直径的比值。π 的值就这样通过实验来确定,而且我们想要多精确就有多精确。世界各地的科学博物馆都重复了同样的实验,相交的概率都在接近这个相同的值,即 π 的倒数。

这个实验被称为"布封针",以法国著名博物学家的名字命名,他也是一位杰出的数学家①。该实验无疑通过一种令人惊叹的方式将大数定律具体化:随着时间的推移,随机事件的频率趋近于其先验的概率。而布封用非常优雅的方式证明相交的概率正是 π 的倒数。偶然("噪音")只是服务于预先存在的必然性。这正是依据噪音的顺序的例子。

第二个思想实验说明了模仿的形态发生能力,它被命名为"波利亚瓮②",后来成了众多科学模型的母模(matrice)。一个瓮包含一个白色的球和一个黑色的球。随机取出一个球,再将它放回到瓮中,然后再添加一个与之同样颜色的球。每取一次球,瓮中球的数量就会增加一个。我们感兴趣的是,随着时间的推移白球比例的演变。借助一个安装了随机数发生器的便携式计算器,我们很容易模拟这种演变。在实施实验的过程

---

① 在达尔文之前一百年,布封在他的《自然史》中提出了猴子和人类拥有共同的祖先。

② 根据斯坦福大学数学教授乔治·波利亚(George polya)的名字命名,此人也是数学家约翰·冯·诺伊曼的导师,两人都是匈牙利裔。

中,我们惊奇地观察到这个系统的动态过程虽然简单,却包含了一个存储器,就像布封针一样:波动逐渐减弱并且很快朝着某一个数值收敛。只要实验一直进行下去,该数值就可以获得你想要的精确度。这个值只有 0.5 的差异,真是出人意料!为什么出人意料?因为实验的数据完全对称,那么,这个对称性的裂缝从哪里来的呢?似乎没有任何合理的解释。

是什么让这个模型成为模拟动态最简单的形式?了解这一点很重要。每个随机事件——这里是抽取某一种颜色的球——通过**预先修改概率**来改变下一次抽签的条件,从而增强了所要记录的颜色的机会。这是一个自我强化的过程,可以通过下面的寓言来说明。两个心不在焉的人不顾一切地决定前往同一个地方。他们都不知道这个地方,但都相信对方知道这个地方。于是每个人都遵循他的同伴所走的路径。由此产生了一条具有一定稳定性的轨迹,当然只是相对的稳定,因为行走者迟早会意识到他们相互间的误会。

让我们回到波利亚瓮。事实上,这种情况与布封针有本质区别。我们每一次重复实验,就会有一个数值出现,但每次都有所不同。它与单次实验密切相关。动态变化似乎趋于一个预先存在的数值,并受到它的引导,但该数值是实验本身的因果产物。如果我们局限于单次实验,就不可能将模仿动力学与布封针的动力学特征区分开来,因为两者都向一个数值收敛。

只有超越单次实验并将其看作是无限其他可能性中被实现的一次,才能达到这一数值。然而,从外部角度来看,分歧因此显得非常大。实际上,收敛值**先验**概率的分布在 0 到 1 之间的实数集上是均匀的。我们在依据噪声的复杂情况下,偶然让某种必然性涌现出来,但这种必然性仅仅因为从**经验**的角度去看。

模仿动力学与其渐近行为之间的关系(也就是说,当时间趋于无穷大时),在初显行为水平(称为吸引子)与动态水平之间构成了一个环状,如下图:

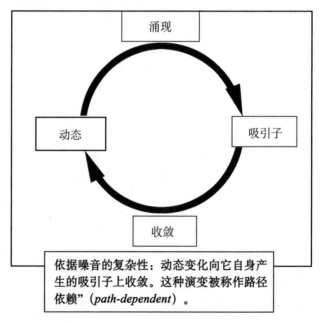

依据噪音的复杂性:动态变化向它自身产生的吸引子上收敛。这种演变被称作路径依赖"(*path-dependent*)。

我们从中能认出自我超越及其熟悉的循环结构。模仿动力学似乎被一个预先存在的结局引领——这正是它从内部经历的——但也确实是它自身导致了自己的结局。上图中，底部箭头代表的因果性看起来是路径终点施加给路径的，这当然仅仅是一种幻想。因为未来不可能因果性地改变过去。在唯物主义的因果世界中只有路径，它通向的地方只是路径的一个点。相反，在意义的世界中，即使表达意义的预言性话语缺失，仅凭模仿动力学隐约指出的方向本身，就能对模仿动力学产生影响。

在普遍恐慌现象中，尤其是从市场恐慌中，无预言式话语的自我超越找到了一个明显的例证，但并不仅限于它们之中①。根据弗洛伊德的定义②，恐慌中的人群如群龙无首，集体的另一位代表代替领导冒了出来，对于人群中的成员来说，显然他是超越的。它不过是脱离出来的集体运动与个体运动拉开了距离，形成了一种自主性，并就此不断地成为行动与个体反应的简单混合。这是一个系统效应。在连环套一般的镜面反射中，每个人都想知道别人可能会怎么想，旋环往复，无

---

① 让-皮埃尔·迪皮伊，《恐慌》(*La panique*)，Les empêcheurs de penser en rond 出版社，2003年。
② 西格蒙德·弗洛伊德，《集体心理学和自我的分析》(*Psychologie collective et analyse du moi*)，1921年。

穷无尽,恐慌彻底打破了这一结构。正如埃米尔·涂尔干所认为的,整个社会在这些"泡沫"时刻表现出来的种种特征,都被人们赋予某种神圣性。外在性,超越性,不可预测性,难以接近性[1]。埃利亚斯·卡内蒂(Elias Canetti)指出,"大众需要一个方向",需要一个"外在于每个人","对所有人都是一样的"目标。[2] 不管是什么目标,只要它"还没有被实现"。在恐慌逃逸过程中,这正是整体化进程(le processus de totalisation)自身要实现的目标。

不可否认的是,市场有自我组织能力,就像所有复杂的结构一样。它是通过自我超越做到这一点的,即使它把我们引向深渊。只有糊涂脑袋才会否认这一点。也许确实有必要规范市场,牢牢控制它,对它进行严厉管理,甚至是恐吓!但即使我们不得不这样做,也不是因为它不能自我节制,而是自我调节得太好了!因为市场就像动物一样,只凭自己高兴做事,它不仅不会从我们的立场出发,而且还会给我们带来巨大损失。

---

[1] 埃米尔·涂尔干,《宗教生活的基本形式》,法国大学出版社,1979年。
[2] 埃利亚斯·卡内蒂(Elias Canetti),《大众与力量》(*Masse et puissance*),罗贝尔·罗万尼(Robert Rovini)译,伽里玛出版社,1966年。

# 第六章
# 痛苦的两种化身

我曾在美国电台里听到一名记者和两名众议院议员之间的辩论,两名议员中有一名民主党人,另一名是共和党人①。

**记者问民主党议员**:你如何解释奥巴马政府正在考虑给最富有的人加税而不是减税?最富有的人是那些创造就业机会的人,这是要扼杀他们吗?

**民主党议员**:阻滞经济体系的是不再有需求,人们不再购买商品!

**共和党议员**:人们不再购买商品,那是因为他们预计会失去工作,甚至将长期失业。现在所需要的是

---

① Canal 13 电视台,纽约,2011 年 10 月 29 日。

创造就业机会,所以要帮助创造这些就业机会的中小企业!

**民主党议员**:既然他们预计这里没有需求,没人购买他们将生产出来的产品,那么,他们为什么要创造就业机会?

辩论非常激烈,观念完全相左,两种危机观针锋相对。学识渊博的听众以为从民主党议员的回答中听出了左派的"凯恩斯主义"的解释:企业预期需求不足,产量低于预期,从而提供的就业机会减少。打破销售危机或生产过剩需要增加需求,例如提高工资。而共和党议员却拥护供给经济学,他站在企业的立场,认为劳动力成本太高;作为右翼的代表,他认为劳动力成本过高以及税收过高是造成失业的罪魁祸首。

如果从共和党人的角度来看,辩论中另一位主角的观点可能就是错误的。之所以存在失业,是因为劳动力相对于商品的价格太高,而货物的价格相对太低。人们需要关注的不是生产过剩,而应该是产量不足,例如,商店前排队的现象可见一斑。另外,这种不平衡也应该是周期性的:只要供求规律在劳动力市场和商品市场上发挥作用,劳动力的相对价格就会下降,并直至失业或过度商品需求消失。

因此,从这个角度来看,普遍的生产过剩危机是不可能的①。这种不可能性与经济学家的描述非常相似——下面一则笑话是他们用来嘲笑自己的:两位经济学教授在街上走,其中一位教授发现排水沟中有一张五十欧元的钞票,另一位教授看都不看就说,不可能,如果真是五十欧元钞票,早有人捡走了!工人希望干更多活却找不到工作,生产者想更多地生产和销售却找不到销路,可能吗?这种凯恩斯以来称作"通货紧缩"的危机是不可能的。天真的人会说,20世纪30年代以及今天的全球危机不是证明了它的存在吗?但有人反驳说,如果是这种情况,一个显而易见的行动就可以让市场自动走出困境,并符合亨利·福特等所有人的利益。公司只要雇佣失业人员,支付加班费,提高工资待遇,就可以释放购买力,并自然而然地吸收增加的产量。法国诺贝尔经济学奖得主莫里斯·阿莱斯曾以非常形象的方式提出这一观点,他认为就像一群直升机将钞票投向无比惊讶的人群。

钞票,正是最敏感之所在。也就在这一点上,民主党代表可以自诩对待对手的论点公平公正,因为前者的观点完全涵盖了后者的观点。经济人只通过货币进行沟通,但沟通并不

---

① 这个提法被称为"萨伊法则",或称"销售法则",以法国经济学家和实业家让-巴蒂斯特·萨伊(Jean-Baptiste Say)的名字命名,此人因反驳凯恩斯的理论而闻名。

顺畅。正如我们前面已经提到的,货币交换不需要他们互相对话,这就阻碍了他们彼此磋商,针对各自的项目和计划进行讨论比较。因此,货币极大地助长了经济主体的个人主义策略,几乎可以称作自闭症的策略。我们将在下文中再谈到这一策略所具有的集体谎言的形式。它是一个允许信息交换的中介,却摆出无为而治的样子。但这种悖论的非沟通的沟通是有代价的。让我们再回到亨利·福特。我们承认他也雇佣失业人员,但他不会为他们购买福特汽车支付预付款!他支付给他们的钱只有成为一种抽象物,具有普遍的交换中介的性质或一般等价物的性质,才能像钱一样流通。这里再次借用马克思的词语,凯恩斯曾向其致敬,而我在这里展开的推理也拜凯恩斯所赐。货币是支付任何商品的预付款,因此亨利·福特无法保证他支付出去的工资能够转换成对福特汽车的需求。

当然,在这一点上,自由主义经济学家会提出反对意见。我们承认,新雇佣的失业人员拿到工资不会首先购买汽车,而会选择肉类或改善住房。这样做会增加屠夫和房地产开发商的收入,而这些收入至少会部分地转化为对机动设备的需求。这个论点很快就达到了它的极限。在一种极度相互依赖的经济中,购买力所通过的路线错综复杂,正如每一个单独行动、各自为政的企业家,根本无法保证他增加的产量不会最终成为一些商店滞销不掉的存货。

既然经济主体彼此不交谈,他们必须独自应对这种极端的不确定性,并与未来的某些参照点(repères)保持协调。凯恩斯所说的通货紧缩就是这些参照点中的一种,它是市场通过自我超越机制暴露出来的参照点之一。通货紧缩之所以具有相当大的杀伤力,因为构成它的两极相互钳制:结构性失业和销售危机。所以,共和党人没有错,因为家庭预计失业率扩大并相应减少消费。民主党人也没有错,因为公司预计需求不足并减少提供工作机会。面对辩论对手,每一方都有充分的理由来坚守自己的论点[1]。

这种参照点具有对立的两极并互为存在理由,在经济社会中比比皆是。我现在要介绍的参照点涉及交通和就业,堪称是造成当今社会某一痼疾的罪魁祸首。

就在美国电视播出共和党与民主党辩论的同一天,我在一家报纸上看到了一则他们经常刊登的系列漫画。漫画由两幅图组成,每幅图上都有两个主人公。一个表情冷淡、不带任

---

[1] 我在此总结了法兰西经济学院在20世纪八十年代提出的一种叫做"固定价格平衡与配给"的理论,为凯恩斯主义理论奠定了更坚实的基础。参见埃德蒙·马林沃德(Edmond Malinvaud),《重新审视失业理论》(*Réexamen de la théorie du chômage*),卡尔曼-莱维出版社,1980年。现在回过头去看,这一理论所缺失的坚实的概念基础,似乎正是由于缺少自我超越这一模型。

何情感地谈论着一些合乎情理却又非常糟糕的事情,另一个则茫然地听着。那天我看到的也同样是两张图。第一张图显示他们在一辆汽车里,而汽车正深陷于一眼看不到边的城市交通堵塞中。在第二张图中,他们在一个点缀了绿色植物的办公室的同一个小隔间里说着话。在第一张图中,司机说:"我讨厌开车,但我需要一辆车去上班。"几个小时后,同样是这个人,他不再被像他一样的汽车包围着,而是被像他一样的员工,像他一样的囚犯包围着——他看见他们,他们也看到他,他们统统被安置在一个巨大工厂的没有任何区别的狭小空间里。他说:"我讨厌工作,但我必须为我的车付钱。"漫画中除了这些话,还有声音。第一张图中是响成一片的汽车喇叭声,第二张是隔壁办公室发出的咆哮:"闭嘴!"

这是日常经验中两种地狱般的场景。它们互为因果,相互遏止,形成一个恶性循环,我称之为需求循环。这两种不同的地狱场景其实是同一种地狱处境,只有看到这一点,我们才能理解资本主义的本质。就像我们在第一部分所讨论的恶的自我超越的逻辑一样,这个地狱有能力与自己保持距离,以便更好地为自己证明。它的两个变形中的每一个都在创造另一个存在的必要性。工作需要交通工具,交通工具也需要工作。运输用英语称作"旅行"(travel),是法语"工作"(travail)印刷误排的结果。两者都起源于一个拉丁词 *tripalium*,指一种酷刑的刑具,由三根尖头木桩构成,不幸的囚犯被置于其上,活活刺穿而死。我们使用的词语知道的经常比我们多。工作的折磨和旅行的折磨其实是一回事,两种不同版本而已。

为了揭示这个自我指涉的循环的意义,并且明白它只会引起愕然的目光或机械的叫喊,我们必须承认,它对它的两极都是开放的。然而,这个开放的特性正是问题之所在。

汽车不仅是必需品,也是一种解放的承诺。但我们要从中解脱出来的工业地狱,正是我们致力于创造的。工作不仅是必需品,它也是一个岗位,一份职业,一种责任,简而言之,是获得社会认可和融入集体的承诺。那么,这个承诺的价值何在?

不必要的甚至有害的生产通过它们为人民提供工作而合法化。物体的使用寿命越来越短,不可再生自然资源被毁灭性地开采,技术是地球上最大的能源消耗者和最主要的环境污染者,也没有人敢纠正他们,因为他们保证了就业。多年前,我与伊万·伊里奇一起合作,试图揭开工业社会的伟大神话①。其间,一个工会组织强烈要求协和飞机计划继续下去。

---

① 伊万·伊里奇(Ivan Illich),《能源与公正》(*Énergie et équité*),吕斯·贾尔(Luce Giard)译,让-皮埃尔·迪皮伊撰写后记,瑟伊出版社,1975年;让-皮埃尔·迪皮伊和让·罗贝尔(Jean Robert),《富裕的背叛》(*La Trahison de l'opulence*),法国大学出版社,1976年。

这个工会组织这样做,难道是要加速无阶级社会的到来,因为在该社会中,所有前无产者都可以像超音速一样飞行?不,当然不是,他所捍卫的是他的工作。几乎在同一时期,另一个工会呼吁,要想减少社会不平等,就必须增加"大众消费",从而刺激经济再次增长,工作机会增多也就成为必然。我们应该判断这个工会混淆了目的和手段?不,工业社会的目的就是创造工作机会,尽管它所体现的经济理性使得这项工作成为一种折磨、一种恶,必须尽可能地减少它。这一矛盾是资本主义的戈登结[①],也许只有一场文明变革才可能彻底解决它。

---

① 古代佛里吉亚国国王的战车上系着的一个无法解开的绳结,用来比喻无法彻底解决的麻烦或困难。——译注

# 第七章
# 政治的自我超越

如果人类是理性的——经济学家所说的理性,那么他们就不可能组成一个政治实体,因为他们既无法相互信任,也无法用一种对所有人无害的方式来解决彼此间的冲突。面对人类事务固有的不可预测性,"建立一些可预见性的岛屿"、"设置一些安全里程碑"①,这既是承诺和契约,也是要挟和威慑,这些方式对他们来说都是不可理解的。如果他们终究可以组成社会,那是因为他们逃脱了经济理性的枷锁。

我们可以在理论上证明这个观点的正确性,在下面的论述中我将尽力为之。但在经济主体的眼中,他们有自己的真

---

① 参见汉娜·阿伦特,《现代人的境况》(*Condition de l'homme moderne*),乔治·弗拉迪耶(Georges Fradier)译,卡尔曼-莱维出版社,1961年,第274—278页。

理。这些人的人数还不少,尤其是那些"人道主义"企业家,他们为了资本主义机器不彻底卡死,眼下求助于一种补充道德。误入歧途至少有两个原因。首先,不是将道德看作资本主义应有的,而是把它降低到经济润滑剂的地位。其次,弄错了范围,再一次把一个本质上属于政治范畴的问题拉扯到道德问题上来。经济主体是"不道德的",因为他们的行为是自私的,既不利他也不慷慨,只关注收益最大化?但这是一个新鲜事物吗?自资本主义存在以来,这不就是为整个系统提供能量的燃料吗?

关于当前危机转化为前所未有的严峻形势的原因,我的解释完全不同。本人近年来的研究让我得出以下观点:如果他们能够通过未来相互协调,那么,某些最初并不比经济理论中的**经济人**更加"道德"的经济主体将相互信任,并以一种和平的、而不是卷入暴力漩涡的方式来解决冲突。这一切已经被证实,而危机也暴露了它的症状所在:经济没有能力再向它的前方投射,仿佛未来不再有可以牢牢抓住的抛锚点,无法让未来呈现。是因为未来已经变得极其不确定吗?它一直都是。是因为对共同未来的可能性的怀疑让那些经济主体内心不安吗?我们将在第三部分提出回答并考察这一答案。

行文至此,我想对论证的类型(type de démonstrations)给出一个解释。这一论证的类型对我刚刚提到的观点是适合的。它们属于形而上学逻辑甚至神学,经济学家对此并不熟悉。没错,为了反思经济的基础,需要穿上形而上学者和神学家的外衣。说到底,这比搞"经济欺骗"(économystifiée)这种伪神学更为诚实,请原谅我使用这一新词。我对此类问题更实质性的论述将留在最后一部分。在这个阶段,我只谈承诺这一个词。与此相比,威慑提出的问题更为严峻。

经济理论意义上的理性主体,简言之,他们追求可能性的空间里个人利益最大化,因此他们不可能相互信任。但如果他们能够通过未来相互协调,进而达到更高的理性,他们将打破这种无助带来的束缚。要阐明这一双重论断,一个非常简单的模型足矣。该模型让——从休谟到康德,从霍布斯一直到当代分析哲学家——整个哲学史为之伤透脑筋。这个交换的模型虽然对彼此有利,却不可能发生,因为构成该模型的两个手势不可能同时发生。因此,必须有一个经济主体迈出第一步,以某种方式跳入水中,或者首先伸出手,同时期望他人也能于彼时彼地做出同样的举动。但是,在一个根据假设不存在任何义务、责任或者债务的世界里,后面的人为什么要这样做呢?他得到了自己的一份,并留为己有;而对第一个人来说很糟糕,他付出了却没有收到任何回报。当第一个人预测到我所说的这一切,他除了得出结论——弃权更好,还会有其他可能性吗?第二个人会在互惠交换中发挥作用吗?他也许会承诺这样做,但他的话不可信。在这个公民责任感、集体意识根本不存在的世界里,信任是一个空话。债务问题已经成为金融主导的资本主义无法摆脱的梦魇,由于担心债务人不会支付他们所欠的债务,以及这种折磨永无尽头(ne mettre jamais fin①),整个社会几乎陷入瘫痪状态。这一问题包含在下文的基础寓言(apologue élémentaire)中。

想象一下,两个经济主体通过"预言性的"未来能够彼此协调,"预言性的"一词是技术意义上的,也就是世俗意义上的。他们也许会将这个未来的形象归功于一位在世的先知,或者仅仅就是他们相互间的一次对话。不管是什么,它们从一开始就服从封闭循环条件,我在前文中已多次强调过:谋划的未来必须是这样的,即对它的预测导致的相关反应不会妨碍或改变该未来的因果性生产。这个条件是自我超越式未来的标志,足以排除一个经济主体做了第一步、第二个放弃做第二步的情况。因为第一个已经预料到这种情况,他会放弃参与,而第二个就无法弃权。这一推理导致一种绝对命令:"如果你的行为已经被预测到,那永远不要这样去做,因为你注定不可能圆满完成。"相互交换本身满足这个条件,它是自我超

---

① finance 最初意味着"赎金",它和 fin 之间在词源学上的联系经历了古法语 finer,即"付费"的意思,是 finir, mener à fin, venir à bout, d'où payer 等词的变体。(参阅《大罗贝尔词典》,阿兰·雷伊[Alain Rey]编,2008年)

越式未来的确定性所涉及问题的合理解决方案,得到这一解决方案不需要一丝一毫的个体道德。

接下来举例不是理论上的案例,因为它确实存在。一个非常法国化的机构成功地——姑且这样说——发明了一种民主协商模式:计划。该计划致力于确定一个自我超越的未来。根据其设计者之一,经济学家皮埃尔·马塞(Pierre Massé)的说法,这个计划活动既迥异于苏联的 Gosplan①,也不同于自由放任的自由主义,其目的在于"通过协商和研究获得一个足够乐观的未来形象,它不仅无比美好令人期待,还有很高的可信度,以便激发实现这一未来的种种行动得以实施"②。我们从这套令人钦佩的说辞中可以找到某些用来描述世俗先知的表述。这位先知明白未来因果性地取决于他预测的方式,包括他如何描述并公开宣布的方式。他的预言使得这个围绕未来形象进行普遍协调的奇迹成为可能,因为这一自我实现的预测与它的因果性生产形成一个闭环。但法式计划还引入了一个决定性的创新:反思的自我组织不再是通过一个被称为先知的特殊个体,而是通过整个政治机构的商议来实现。

我提出的观点体现在制度上,这一例子表明经济从政治

---

① 前苏联国家计划经济委员会。——译注

② 参见罗歇·盖内里(Roger Guesnerie),《市场经济学》(*L'Économie de marché*),弗拉马里翁出版社,1996 年,第 75 页。

自身的超越性中获得了生产一个自我超越性的未来的能力，而这种超越本身就依赖于政治的自我超越能力。民主协商的结果实际上超出了双方的意图和论点。它通常与一个集体主体有关，比如人民、国家，为了表明它不会缩减为任何个体意志，按卢梭的话说，超越了所有这些个体意志。这显然是对语言的滥用，因为不存在任何具有良知和意志的主体想人们之想，成为他们普遍的意志。这里所追求的却又被错过的，其实就是自我超越的模型。

应该梳理一下政治思想史，以便我们了解它如何纠缠于自我超越的形象无法自拔，却又很少能够弄清它的外形。恶的概念始于现代政治哲学的创始人——英国人托马斯·霍布斯。他在国家起源的哲学重构中指出，自然状态的个人想要现世安稳，却无法自己去获得。每个人在任何事情上都有绝对权利，但这些权利是中立的，结果就是，人人都为了捍卫权利而与其他人展开斗争，却没有人能够胜出，一种普遍的无能为力。霍布斯解决这个问题的方法是，所有人共同努力去建造一个"人造的人"——利维坦，也就是"人间的上帝"，绝对的统治者。这是一个契约，或者说许多许多份的双边契约。在这些契约中，每个人放弃对所有事物的无限权利，以支持不参与契约的第三方，而这样构成的第三方将成为担保人，确保这些契约被认真地遵守。这个第三方享有绝对的权力，享有人们所能想象到的最大的权力。

于是,自然状态下无能的个人千方百计、费尽心机建立了一种无限超越他们之上的权力。仅仅就为了拥有他们渴望的和平,自我保存的可能性,他们被迫接受一个外部性,一个超越性,但也是他们自己构建的外部性和超越性。他们围绕着一个中心进行自我管理,这个中心作为整个结构的拱顶石,构成了一个奇点(singularité):利维坦保留了所有其他人已经放弃的东西,并对所有东西都拥有无限的权利,而且他是唯一的一个。

所有这些悖论都千篇一律地错过了自我超越的结构。类似的悖论还可以在另一个伟大的社会理论中找到,即让-雅克·卢梭发人深省的社会契约论。如果说霍布斯确实想替专制主义,即一种绝对的超越性辩护,甚至要建立它,那是因为它是由人民选举,并由人民直接管理的政府,完全没有卢梭所定义的那些代表或中间环节。在政治躯体与它自身之间,任何细微的外在性、不透明性或区分都必须无情地被排除在外。原则上我们是绝对内在的。众所周知,"公意"的概念被认为可以解决卢梭所谓的"无法解决的问题"。但日内瓦公民最终制定了法律,作为"公意的表达",其实是一种结构上类似于霍布斯的利维坦的实体。相较于人类,它必须具有同样的外部性,以及与自然规律一样的突出地位(如同卢梭所写的"将法律置于人之上")——即使这些人是制定法律的人并且深知这一点。同霍布斯的利维坦一样,这个实体形象在否定的意义上也是悖论的:这是一个谜,我们没有发现谜底。而卢梭政治思想在历史上的体现,从法国大革命时的恐怖到20世纪极权主义,往往是一些残暴的伪超越形式,其目的恰恰是要违背卢梭的真实意图——建立自我超越性。

有一位思想家对政治事物的思考最接近自我超越模型,该模型消除了自身悖论的特征,以便通过一种社会机制来生产它自身。这位思想家就是托克维尔。他关于民主社会,特别是美国社会公众舆论的专制性的精彩分析,至今仍是无与伦比的。

托克维尔首先解释平等状况如何将每个美国人自发地引向相同的哲学方法:"自己寻找,而且只从自身寻找事情的缘由。"他写道:

> 在一个公民素质几乎一模一样、彼此水平相差无几的国家里,一个人的智力对另一个人的智力的影响,必定极其有限。因为他们的能力非常接近,谁也不承认别人身上有更强大或更优越的迹象。他们总是按照自己的理性进行判断,以为那才是通向真理最便捷也是最显而易见的源泉。这不仅表明不相信某一特定的人,而且表示没有兴趣相信任何人以及他说的话。

因此，每个人都将自己封闭在自我这个狭小的世界里，并试图从那里评判整个世界。①

但是，我们必须依靠，至少部分地依靠一种知识和道德权威。这种权威不能来自任何超越性，因为以平等为前提条件的民主意味着拒绝所有的外部性：

因此，生活在这些平等时代的人们，很难将他们信服的知识权威置于人类以外，或者人类之上的地位。他们通常会从自身或自己的同类那里寻找真相的源泉。②

看来我们处于一个死胡同中：权威既不能来自外部，也不能来自其他人。然而，这个看似无解的问题仍有一个解决方案：权威将来自第三方，但它不是任何一个特别的人，它对于每一个人来说都是外在的，但它并不因此就外在于人类社会。显然，这个第三方是一种自我超越机制的结果。这是每个人都致力于建设的一个参照点，但每个人都将其视为来自外部的指导③。这是一个外部性的内生性生产。此处涉及的例子

---

① 托克维尔，《论美国的民主》，第二卷，第一部分，第一章。
② 同上，第二章。
③ 在工作中，我经常把这样的一些参照点命名为"固定的内生点"。

就是公共舆论。托克维尔借助以下术语分析了它的出现机制和专制形式,这些术语构成了一篇非常漂亮的自我超越概念的导论:

> 随着公民变得日益平等和日益相似,人人盲目相信某一特定的人或某一特定阶层的倾向会降低,而相信大众的倾向会增加,于是,舆论支配社会的情况越来越多。
> 公共舆论不仅是民主国家个人理性的唯一向导,而且拥有比在任何其他国家都大的无限权力。在民主时代,人们因为彼此相似而互不信任,但这种相似性却让他们对公众判断几乎怀有无限的信任。因为对于他们来说,既然所有人的认识都是一样的,那么真相就应该在大多数人那里。①

托克维尔在结论中提到"所有人的想法对每个人的智力产生巨大的压力"。但是,这里所说的"所有人的想法"、"公众的判断"真的有一个集体主体?当然没有,托克维尔在写这些文字之前仍然是个人主义方法论的坚定支持者。与许多其他一些看上去像类主体(quasi-sujets)的集体实体一样,我们正

---

① 托克维尔,《论美国的民主》,第二章。

是在这样的名称下，与自我超越过程中出现的集体形式有了关联。这些形式的一般理论包括公共舆论和政体的例子，例如，法国过度集中的政治形式，让托克维尔借助它为我们提供了另一种权威性的示范。还有一些让经济理论非常难堪的实体，比如货币、信心和惯例①，以及"商业氛围"(Climat des affaires)——这个难以捉摸的概念，被凯恩斯用于解释经济大萧条，并赋予它支配性的地位。但此处政治理论和经济理论似乎与他们倾向于鄙视的学科，比如社会学和群体心理学，有相互越界的危险。正如我在前面讨论灾难时期的沟通时强调过，正是自我超越的结构本身证明了这些越界的合法性。事实上，预言式预测必须通过自我指涉的方式对公共舆论施加自己的影响。但是，这种因果联系是人类集体现象的逻辑，而不取决于经济学定律，就气候预测这一例子而言，这种因果联系也不取决于高层大气的热力学定律。

我大胆提出下列猜想：正是因为自我超越的模式从未真正地被社会政治理论分离出来并加以系统地研究，反而使得它一直以来成为个人主义和整体方法论这两大思想流派挥之不去的困扰。严格地说，自我超越的模式不属于这两个流派

---

① 参见安德烈·奥尔良的著作《帝国的价值：重建经济》(*L'Empire de la valeur. Refonder l'économie*)，该书对此有非常精彩的总结，瑟伊出版社，2011年。

中的任何一个,因为它在集体层面上关闭了个人层面,同理又在个人层面上关闭了集体层面。法国社会学的奠基人之一埃米尔·涂尔干,也是整体方法论伟大的开创者。在其最后一部巨著《宗教生活的基本形式》中,涂尔干提到了演讲者完完全全政治化的形象,并试图对它进行分析:

> 对民众发表讲话的人具有一种非常特别的姿态,至少他要达到与他们声气相投、融为一体。他的语言透着浮夸,这种浮夸在平常情况下只会显得很滑稽;他的手势看上去要支配一切;他的思想不能忍受分寸感,只能听凭自己极尽夸张之能事;因为他感到身体里有一股异常充沛的力量要溢出来,并且要从他的身体向外流淌开去;有时他甚至觉得自己被一种超越他之上的道德力量所主宰,而他能做到就是将这种力量诠释出来。正是从这一点上,我们认出了某种被称为演说灵感的恶魔。然而,这股极其过剩的力量是真实存在的,它就来自他所发表演说的那个群体。他的话语引起的情感重新又回到他身上,但是,被放大,再放大,这一再被放大的情感同样又强化了他自己的情感,由此掀起的激情带给他巨大的能量,在他身上回响,让他说出的每一个字都振聋发聩。他不再是一个个体在说话,他是一个肉身化的、人格化的群体

在说话①。

这段现象学描述将群体和其领导者之间的关系分析得入木三分,给我们留下深刻的印象,即便是泛泛的阅读,也不能不被字里行间透出的力量所打动。但进一步深入细致地分析阅读,就会发现其中的矛盾之处,到底是领导者主宰民众还是民众左右着领导者?文本同时说了一件事情及其反面。作为分析基础的自我超越模式解决了这一矛盾:群体通过领导者的形象将自己置于自身之上②。

并不是因为政治思想同经济思想一样,很难分离出自我超越的模式,所以政治不是一个自我超越的基本源泉。这件事本身不需要被理论化。政治凭借什么拥有这种能力?这个难题的答案对我来说毫无疑问,而且我在其他地方已经谈论过了③:政治凭借其残存的神圣的一面,而具有某种能力,能够让人们有时得以超越自身,并对未来进行筹划。

在经济世界中一切都可以被购买。经济越来越公开化地"收买"政治,并对此引以为傲。它对自己可以无视政治的存

---

① 埃米尔·涂尔干,《宗教生活的基本形式》,前揭,第300—301页。
② 弗洛伊德在他的集体心理学中,没能将这种结构离析出来。参见让-皮埃尔·迪皮伊,《恐慌》,前揭。
③ 《神圣的标记》,前揭。

在,或将本该下属完成的任务扔给政治而沾沾自喜,它很开心让人害怕或者人心惶惶。看到那些无能的政客跟在它身后,生怕惊扰它,一副亦步亦趋、小心翼翼的样子,再没有比这更让它心满意足了。但是,它错了。经济贬低政治,将其置于窘困的地位,孰不知正是政治——它的保护人让它超越了属于它的平庸地位,即财务大臣的身份。它埋头于家庭事务的纯粹内在性中,像井底之蛙一样,只看到眼前切近的未来。它不再为年轻人提供生存的理由,它让整个人类沦落到悲惨的境地,它已经失去它曾拥有的遏制暴力的能力,它为我们精心准备的是一个噩梦般的世界。

# 第三部分

# 末日的经济和经济的末日

所有的日子都通向死亡,最后的日子正在到来。

——蒙田,《随笔集》第一卷,第 19 页

# 第一章
# 我们所剩下的时间

无论结果是好是坏,经济都依据一种自我超越的机制向未来投射。好的结果是,政治决策赋予经济超越性,因此得以成功超越其财政管理的地位。而不好的结果是,经济也因为将政治带到同一层面而丧失其必要的外在性并故步自封。为了让经济成功运转,一个必要条件就是,它相信自己拥有一个具有无限开放性的未来。若未来失去了开放性,人人知道期限将至,那么自今日起,一个逆向的多米诺骨牌效应就会将一切化为乌有。可以设想一下,期限将至,未来偿还的可能性已经没有了,信贷也就不可能了,货币的价值也因无人购买而变得一文不值。在过去几个世纪里,这样的推论很快地流传开来,一直延续到今天。假如我们真的相信一切会在未知的某个时刻结束,那会发生什么?

21世纪初,对末日论的崇信似乎比任何时期都要多:这个时代与过去懵懂的时代相比,有个唯一但巨大的差异,那就是鼓吹下一个世界末日的不是或不仅是一些宗教异端团体,而是学者、工程师、工艺家和某些受到蛊惑的国家首脑。当疑云密布、危机重重的时候,指出他们的不当之处是非常困难的。

从传统上看,人类曾有过两种自我毁灭的方式:其一,内讧、战争以及一般冲突,据克劳塞维茨①给出的结论,冲突发展到极致就是最终你死我亡;其二,生存之必要条件的摧毁。目前来看,这两种威胁的差异正在消失,还有人类一致认同的,并用来充当参照点的某些界限也在消失。因此,纯粹的自然灾害,人类对其同类的故意伤害所导致的灾害,以及技术、工业事故之间就有了明显的区分。例如,不久以前,气候、天气在经济学家们的笔下还是偶然性的隐喻,它与意图、愿望或者计划无关。今天,人类明白是他们的活动导致了气候变化。要是人类毁灭了自然界,是因为仇视自然界吗?这样说也许非常荒谬,但人与自然界就是相互仇视。"增长"给人类社会带来了疯狂的活力,人类的一切行为在"增长"的名义下大行其道,经济学家也对"增长"吹捧有加,最终导致了所谓"进步的损失"——一

---

① 克劳塞维茨(Clausewitz,1780—1831),德国军事理论家和军事历史学家。——译注

种委婉的说法。这一切也让自然成为受害者。但全球变暖最初带来的严重后果,不是气候变化无常,海平面上升,不是安第斯山与阿尔卑斯山的冰川融化,也不是西伯利亚冻土层消失,北极浮冰消融,地中海周边干旱地区扩大,或者频繁出现的台风、龙卷风、洪涝等所谓的极端天气,而是冲突、战争,但它们往往是之前对这些事情的预测导致的,例如,对战争的预测导致大量人口迁移以及地区动荡和冲突。人类从暴力出发,兜了老大一个圈,将大自然也牵扯进来兴风作浪,最终还是归于暴力。

2011年3月11日,命中注定是悲剧性的一天,整个日本都笼罩在福岛核电站核泄漏事件的阴影里。这一灾难无意间成了人类这两种自我毁灭方式越来越失去差异的标志。这次灾祸被一位杰出的知识分子①称为"第二次核灾难",这等于消除了福岛与广岛两次灾难之间的差别。灾难对核工业产生了一系列的消极影响。但接下来的几十年里,如果世界各国需要更多能源却又不大力投资可再生能源,那么这些消极影响只会更进一步加剧气候变化。我想到了德国哲学家京特·安德斯在1958年访问广岛和长崎时表现出的那种惊愕:那些被他提问的幸存者分明没有表现出一丝一毫对灾难制造者的痛恨,反而

---

① 这里指村上春树。2011年6月12日,他在加泰罗尼亚国际颁奖演说中批判了核能源的使用。

将这灾祸视为像*海啸*①一样的自然灾害！而福岛经历了一场真正的海啸，掀起了人类无法抵抗的巨浪，但它唤醒了核能这只沉睡的猛兽。这真是一种命运的嘲讽！当然，这原本是一只关在笼子里的猛兽，核电反应堆并不是原子弹，但这只是部分意义上的否定。核电反应堆遏制连锁反应，同时也正是它引起了后来的核泄漏事故。想象中，否定的推论不容置疑；而事实上，猛兽却逃跑了。福岛核电事故既是一场自然、工业、技术灾难，也是一场道德危机，而且它在一个民族思想中引起的种种联想，这一切都让它成为了新时代的标志性事件。

福岛让我们想起广岛，而广岛让我们想起军用核能——原子弹，人类未来最大的威胁！在这个核扩散及恐怖主义时代，保证核威慑有效性——至少显著的有效性——的必要条件已不尽人意了，对使用原子弹的限制正逐年减少。由于弹道技术进步与炸弹小型化，原子武器不再那么异乎寻常，而是像其他普通武器一样。在这种情况下，我们无法知道，扔向平民的原子炸弹，会不会像瓶子里的恶魔，早晚有一天再冒出来？也没有人知道它带来的后果是什么。

当然，大多数的经济学家根本不会考虑这些。他们中某

---

① 让-皮埃尔·迪皮伊,《海啸的形而上学》(*Petite Métaphysique des tsunamis*),瑟伊出版社,2005年。

些人最多研究一下他们所谓的"风险"问题,优化一下投资指南中"不确定未来的理性选择"这一章提到的决策支持工具,或者投入到有关"谨慎原则"的争论中,诸如此类。尽管他们对那些数学模型,而且是普普通通的、只是给那些晦涩又无意义的演算充当遮羞布的数学模型都一窍不通,却不妨碍他们被称作"研究经济增长问题的经济学家",也不会引起国内外同行的嘲笑,这样的事情在今天仍然是可能的。每次危机出现,如果看上去很有把握解决它,经济机构的成员们便要大肆庆贺一番。他们以为没有发生最坏的情况就万事大吉,却全然没有发现,他们声称为资本主义指明的正确道路很可能正在将其引向深渊。他们那些所谓的正确观点已经让人无法忍受,对自己工作表现出来的自鸣得意更是可笑至极,他们表现出来的乐观主义实在荒唐。

然而我感兴趣的问题是:那些推动经济运行的人,即工业家、银行家、投资人、金融人士,等等,他们是怎样的人?他们中似乎没有一个对末日预言有过严肃的思考。因为根据一条与帕斯卡赌注①正好相反的理论,在末日上下赌注,如果末日

---

① "帕斯卡的赌注"是法国数学家、思想家布莱士·帕斯卡(Blaise Pascal)在其著作《思想录》中提出的一个观点:我不知道上帝是否存在。如果他不存在,作为无神论者没有任何好处;但是如果他存在,作为无神论者将有很大的坏处。所以,我宁愿相信上帝存在。——译注

根本没有到来,就会错失收益可观的投资机遇。而如果末日真的来了,全盘皆输,整个世界都不复存在。所以无论怎样,这都是一场必输的赌局。

这个结论从经验上来说是错误的,我将在后面做出解释。资本家们确实考虑过末日论,即使没有形成清晰的认识。这就可以解释为什么美联储主席艾伦·格林斯潘①任职期间,在谈到市场"虚假繁荣"时,曾严厉谴责上述乐观主义。我想要澄清的便是这样一种矛盾。

我所考虑问题的时间结构是一种等待的结构,但这种等待非常明确:它在一场灾难发生之前就开始等待,这场灾难的发生不可避免,但我们不知道是何年何月何时。**我们对剩下的时间一无所知**。最现实的例子,我们每个人都知道死亡是必然的。如果不是因为人类知道自己的死亡不可避免,他们怎会如此纠缠于时间问题?他们最担心的不是整体意义上的死亡,而是个体的死亡,自身的死亡,第一人称的死亡:**我的死亡!**

假如人类生活中没有那么多"小的死亡",没有标志一个时代、一个周期、一个阶段终结的某些断裂,以及那些经常被

---

① 艾伦·格林斯潘(Alan Greenspan,1926—),美国犹太人,美国第十三任联邦储备委员会主席(1987—2006)。——译注

当作"灾难"来叙述的种种经历,它们从一开始就意味着一个故事的结束,比如假期结束、恋情终结、失去工作……如果没有这种种体验,那么*我的*死亡就不存在。自身的死亡是灾难中的最高形式,但还有很多别的死亡。我想说的是,等待的时间将我们和一个日期未知却不可避免的灾难分离开来,从自身的死亡到资本主义的崩溃概莫能外。

# 第二章
# 经济与死亡

关注人类境况构成了经济学家这份职业的基本特征,但他们对待死亡的方式,恰恰暴露了他们对于人类境况最基本问题的冷漠已经到了难以置信的地步。既然经济理论更多地是由其使用的方法而不是研究对象界定的,所以它无视研究对象;另外,出于原则上的考虑,它的方法也不能应用于那些对象。然而,死亡的问题同通货膨胀和失业问题一样值得关注。否则,它会成为经济的绊脚石,造成的丑闻让它难以承受,甚至将它引向穷途末路。

在应用经济这一章里,死亡作为一种经济对象而出现,显然,这里讲的是健康经济,更准确地说是"医疗健康经济"。我思考的出发点是一个令人惊奇的数据观察:在发达国家里,人们在生命的最后一年里,会投入很大一笔健康开支①。正如一项最新的研究显示,"死亡的到来对健康开支水平有着重大影响"②。我们需要注意的是,这里指的是死期将至而不是年龄增长。既然死亡概率通常随着年龄增加而变大,原则上也就没有必要强调健康开支的增长与年龄直接挂钩,所有事情都是一样。重新回到我们考察的事情上,即年龄与健康开支之间的正比关系。但实际的情况是,年龄与死亡临近似乎都影响着健康开支的水平。

尽管如此,这一数据的支持者通常别有用心。他们指出这些临终治疗也许有一定的缓解症状的功效,但更多还是一种象征意义,对死亡率和复发率的影响可以忽略不计。因此我们将数量巨大的、用于关怀临终病人的稀有资源节约下来,取而代之的是传统治疗方法,并结合文化、人际关系网以及意义世界的手段。另外,那些技术上高效但费用昂贵的治疗手

---

① 专题文献中这部分的估算名目繁多。一项针对美国老年人公共医疗保险体系(*Medicair*)的研究给出的数据是 30%(引自布里吉特·多尔蒙[Brigitte Dormont]的文章《医疗开销:有益的增长?》[Les dépenses de Santé: Une augmentation salutaire?],载于菲利普·阿斯克纳齐[Philippe Askenazy]与丹尼尔·科恩[Daniel Cohen]编著的《当代经济的十六个新问题》[*Seize Nouvelles Questions d'économie contemporaine*],阿歇特出版社,2010 年,第 395 页)。这篇文章遭到吕克·贝利诺博士的强烈反对,他给出法国的数据是 80%,参见"死亡与国内生产总值",《世界报》,2010 年 7 月 1 日。

② 布里吉特·多尔蒙(Brigitte Dormont),《医疗开销——有益的增长?》,前揭,第 396 页。

段也可以预留给其他患者。一位临床医生面对以上数据语气夸张地问:"一个国家如果把主要用于延缓死亡的医疗费用用在孩子、生育、卫生防疫或者教育上,未来会不会更加令人期待呢?"

在这个讨论中,我发现了某些问题曾在我早期有关医学方面的研究中探讨过,这些研究深受伊凡·伊里奇[①]的影响,整个七十年代我们曾一起合作。研究的出发点是法国医疗保险体制的运作。有人早就担心法国会成为世界第一大药品消费国,消费增长率每年达17%还多,这个数字令人忧心。更让人不安的是,超过一半的增长率都是由10%的药品均价增长率导致的。因为药物更新速度过快,而每种新药物明显都要比它所代替的旧药物贵。制药业几乎一半的营业额都来自于这不到五年的药品消费。然而,最令公共健康部门的负责人担心的是,这些所谓的新药中只有不到5%的药品,我们能够说它们给现存药典带来了一些新内容;而绝大多数都来自已知药物的混合,或仅仅是已申请到专利的药品的衍生物,它们与已经上市的药品所不同的仅仅在于制造商不同、名称不同而已。那么,这样一种明摆着的浪费现象后面的原因是什

---

① 伊凡·伊里奇(Ivan Illich,1926—2002),奥地利学者,集神学家、哲学家、社会学家及历史学家多种角色于一身。——译注

么？制药机构渴求利益？是不是还应该问罪消费者？但到底谁是药品的"消费者"？是没有付钱但服用了药品的人——患者吗？是同样没有付钱但开药的人——医生吗？在我看来，在这个时代，药品的新奇之处在于，它是医生向患者，且首先向他自己传达的一种符号，也是患者向医生请求帮助、却从未清楚表达出来之前，医生就已经听到的那个符号。① 让-克劳德·波恩(Jean-Claude Beaune)写道，"医生绝不会真正回答患者提出的问题，患者的问题只有一个，可以概括为'请告诉我，我不会死'，医生无法回答，但他应当体会到"②。医生正是通过一个技术性的符号——新奇的药物——来应对一个非技术性的要求。

某些善意的经济学家以经济理性的名义，试图解释生命垂危时药品消费出现的峰值。美国经济学家加里·贝克③因为将经济学分析延伸到一些表面上看与商品世界几乎不相干的领域而成名。例如，选择怎样的配偶，生多少个孩子，应该多长时间参加一次宗教活动，可不可以违章停车，或者用砒霜

---

① 让-皮埃尔·迪皮伊和塞尔日·卡森缇，《药品入侵》(*L'Invasion pharmaceutique*)，瑟伊出版社，1977年。

② 让-克劳德·波恩，《药品的哲学》(*La philosophie du remède*)，塞瑟尔-尚普瓦隆出版社，1993年，第359、361页。

③ 加里·贝克(Gary Becker, 1930—2014)，美国经济学家和经验主义者，1992年获得诺贝尔经济学奖。——译注

毒死丈母娘？所有这一切都可以从经济学角度来分析,换句话说,对成本与利益进行权衡。言权衡者必言公共尺度。但如果要比较本国货币与用该货币支付的罚款,该使用什么度量单位？还有急于完成某项任务的时间和在监狱中度过的空闲时光进行比较,天堂里永生的优越性和地狱生活的无尽煎熬进行比较,抑或充满铜臭味的做爱与充满激情的爱之间进行比较,应当选择什么样的度量单位？答案是:金钱。所有人类认为有价值的东西,健康的生活,家人的情感,城市的流动性,知识或智慧的获取,都归结为一个问题:你们会为了享有上述价值付多少钱？贝克及其效仿者给出的解释通常很古怪,有时甚至荒唐可笑,但这并不妨碍世界经济学家委员会分别在1992年和2000年给他颁发诺贝尔奖和美国国家科学奖。

一个常年卧床、生命垂危的老年患者为了延长几个月的生命会花掉多少钱？贝克巧妙地问。显然,他会付出所有的钱,因为入棺之后,这些财富于他而言都失去了意义。而对于社会来说,这笔钱的价值甚至超过了数字本身,因为不应当忘记死者家属过早失去亲人的伤痛。当我们将治疗成本体现的金钱价值进行比较时,就会得出一个令人欣喜的结论:"在这样的背景下,临终护理的高昂费用会被看作是符合大众意愿的,因此,依据经济理性的标准是行之有效的。"①

　　读者可以深入思考一下以上分析中人类社会的深层次问题,而我则转向另一个更棘手的问题,并以下面这段话导入该问题:所谓"用于临终关怀的医疗行为几乎不会产生什么经济效应"之所以存在,因为大多数情况下,这个说法只是并且只能是通过回顾的方式才能被确定。*Hora incerta , mors certa* ......②

---

　　① 布里吉特·多尔蒙,《医疗开销——有益的增长?》,第 401 页。(本人用楷体字表示强调)
　　② 除了死亡,没有什么是确定无疑的。(原文拉丁语)——译注

# 第三章
# 统计学死亡经济与反事实死亡经济

一个邪恶的天才去拜见某国总统,并向他提出一个交易:"我知道贵国经济萎靡不振,很想帮您重振经济。我可以让您拥有一项神奇的科技发明,它能使贵国的国内生产总值和就业岗位增加一倍。但有个条件,我每年要索取两万贵国公民的性命,而且大部分得是年轻人。"总统吓得后退一步,二话不说将其轰了出去,他刚刚拒绝的发明是……汽车。

美国耶鲁大学的法律课上经常讨论这个寓言故事。它说明了什么?我们的社会之所以如此容易地接受车祸死亡这样的祸患,这个祸患也没有产生特别的道德问题,那是因为祸患没有以寓言中的方式来呈现。该寓言展现的是一个经典的道德困境,即是否应为了集体利益而祭献无辜者。古典道德哲学和政治经济学为这类困境寝食难安,却从未就这一问题给出令人满意的回答。不过要想这个难题彻底消失，只要改变道德问题的措辞就可以了。我们可以把来往车流纳入流体动力学定律，然后那些具有规律性的数据就具有了某种宿命的表象。

在这样的条件下，广义上的健康经济学才有了存在的可能(包括我们所说的"安全经济学")，这方面预算的合理化才是可以接受的。也正是以此为代价，"人类生命的价值"的概念才不会让人引以为耻。

假设我们持有一千万欧元的预算，将用于两种以救人为目的的行动，即针对癌症的医学研究和整治法国公路的安全隐患；再假设这两个领域中的回报率在逐渐减少：我们投入到一种行动中的资源越多，那么拯救[1]一条人命的代价就越高[2]；最后我们假定资源配置的目标就是尽可能最大化地拯救生命。如果真是这样，最大化达到了之后，因预算限制而放弃挽救的生命的价值在这两种行动中是一样的，基础数学知识就足以表明这一点。如果有所不同，那应该是，健康领域的生命价值高于安全领域的生命价值，那么资源从第一领域向第二领域转移会增加救人总数。我们应该将这同一的价值称

---

[1] 经济学家通常使用的术语是"边际成本"。
[2] 经济学家说的是成本曲线的"凸性"。

为"人类生命的价值"。这种价值至少表明了两件事:第一,生命是有价的,且是被限定的价格,毕竟每一个领域都有我们没能挽回的生命,仅仅是因为资源有限;第二,在许多我们打算展开行动的领域,都存在资源的分配;我们给生命限定的价格表明这些领域的资源分配具有相互关联性。①

在上述所有方面,我们必须理解这一点,即我们挽救的人命,就像西红柿或者大葱一样,不是绝对如此,但总体上来说是统计学意义上的生命,如同我最开始讲述的寓言中的情况

---

① 按照这样的定义,人类生命价值的概念具有指数而不是数量级的地位。关于数量级,比如,我们说热量的时候,说这个热量是那个热量的双倍或三分之一,这种说法是合理的。而关于指数,拿温度来说,就不能这样表达,至多可以说一个数值比另一个数值高还是低,或者相等。事实上,从一个指数的估算模式转变为另一种估算模式,比率并没有保留下来,比如从华氏温度到摄氏度。但有些人不满足于把人的生命的价值当成一个指数,他们曾想过将其上升到数量级的地位。正如我们已经在加里·贝克的研究成果中看到的,今天一致同意的解决方式大体上是付钱:您要是告诉我您准备为了延长一年的寿命付多少钱,我就告诉您价格。在最荒谬的经济主义者看来,一个人生命的价值可以用其所能够生产出来的财富和提供的服务来衡量,所以一个美国人的生命价值是一个孟加拉人的一百倍。政府间气候专门委员会(GIEC)在最初的一些报告中,一致同意用货币化的方式来评估气候变化带来的后果。墨西哥湾频繁肆虐的飓风所造成的损失和孟加拉国因海水上涨造成的一部分人员失踪,二者可以相提并论。对人员伤亡的评估竟然是根据人均国民生产总值的标准来计算的。面对全球最贫穷国家的代表要退出组织的威胁,委员会惺惺作态地收起了它的小算盘,但还会再拿出来的。因此这句话怎么说都不会嫌多:对概念的研究——哲学,有时候可以用来阻止技术专家治国的极端狂热。

一样。现实中,我们看到的是什么?首先,在每个行动中我们本应该可以挽救更多的生命,但实际上没有,而这不是个意外。比如,我们对于老年病人的治疗,限制尽可能的救治而仅限于保守治疗;我们放弃使用现有的但价格高昂的反恐安全装备;地震发生时,会发生放弃搜寻被压在城市废墟之下可能的幸存者这样的情况;支援第三世界时,却不帮助他们找寻对抗疟疾的方法,这部分的成本还相对便宜些。

其次,我们注意到,最佳的资源配置条件是人的生命价值这一概念的基础,而它在很大程度上被破坏了。不同领域涉及的人类生命价值存在着巨大的差异,比率从一至一万不等。这是因为现实完全非理性的吗?难道不是因为我们了解现实所借助的概念太荒谬愚蠢了吗?

我曾在巴黎综合理工大学[1]学习,人人都知道拿破仑将其变成了一所军事学校,至今仍没变过,但已经过时了。那时,我在写一篇论文,研究对象就是法国军用吉普停车场的最优管理。那时正处于所谓的实用研究的伟大时代,这是二战时期美国的发明,它运用更为基础的数学来解决管理和组织问题。我相信自己没有在结论上出错。根据问题的具体情

---

[1] 巴黎综合理工大学(École Polytechnique,别称"X"),1794年创立的法国工程师大学校,是法国最顶尖且最负盛名的工程师大学,在法国各类院校中常年排名第一,被誉为法国精英教育模式的巅峰。——译注

况,我会指出,旧的吉普车超过了使用年限就应当报废,代之以新的吉普。但我当时的建议要更为简练,因为我加入了一条曲线,用来描述吉普车的维护工作如何随着使用时间变化而变化。越接近使用期限,越没必要维修严重的故障,而越是应该考虑报废了。

如果将这种经济学逻辑应用在人类生命场域中,会引起怎样的惊悚反应,这就留给读者去想象了。我们放弃治疗超过一定年龄的病人,我们让濒死者听天由命。尼采曾在《偶像的黄昏》中提出一种"医生的道德",鼓吹的正是这样一种策略,当时他正处于疯狂的边缘:"他毫不犹豫地写道,患者是社会的寄生虫。到了一定程度,苟延残喘地活下去是可耻的。当患者丧失了生活的意义以及生活的权利,他们再坚持卑怯地苟活下去,成为医生和医学实验的奴隶,就会招致社会的谴责。医生应当是这一谴责的调解者——他们不必再开药方,只是每天给患者一剂'厌烦'……"但是,我们得作出如下思考:以理性的名义,对所有救人行动中被挽救的生命价值一视同仁,这跟把人和吉普车一概而论没有区别。我们拯救的统计学意义上的生命跟发动机一样是非人的,它没有身份、姓名、年龄和性别,因此可以被任何另外一个统计学上的生命所取代。从这两个层面来看它们都不存在于人的世界,它们只是被用来统计的,我们看不到一个"普通人"①,而且他们的存在方式就是虚拟的。这里我不得不使用**反事实论述方式**:假使过去我们没有预防疾病和防止致命事故发生,那现在会是个什么样子? 仍然有人死去,并且身份确定。但是,一旦人们进行干预,那些因为我们放弃干预而死去的人,谁还能说出他们的名字?

事实上统计学上的生命质量可高可低,全部取决于样品,尤其是样品的规模,这也可以部分地解释为什么在不同行动中牵涉的生命价值存在着巨大差异。同样,被拯救的生命由于其反事实特性而具有虚拟的特征。因为以上这些情况,在最大化计算中身份的消弭或多或少被加强了。

2010年夏天,33个智利矿工被困在阿塔卡马沙漠的矿井下,长达两个多月。当他们只是无足轻重的智利矿工之一时,其生命价值微不足道。被困井下时,他们也许期望人们能够看重其生命的价值,并聊以自慰。但是,所有同情矿工悲惨遭遇的人,以及享有良好信誉的智利政府,都将他们的个体身份与他们构成的集体身份混为一谈。由此可以推测,假如90%的矿工得救了,民众和政府就会认为他们已经根据形势尽了本分。然而,那三个遇难矿工的家人不会这么看。

---

① 阿道夫·凯特勒(Adolphe Quetelet,1796—1874)的说法,"道德统计学"的奠基人。

在采取预防措施的行动中,今天我们把这些行动也称为"防患于未然",统计学意义上的个体身份的消除又有了另一种面目。它不仅反映了被挽救的生命的反事实特征,也说明未来的不确定性。然而也可能是这样,正是这种身份消除解释甚至证明了不同领域人类生命隐含价值之间的巨大差异。想想预防交通事故的政策吧。假如每年公路交通事故的受害者大大超过飞机失事的受害者,那么,对比两种情形下,我们放弃拯救统计学上的生命而不得不背负的"道德包袱"——请原谅我的措辞,第二种情形(空难)远比第一种情形(车祸)要大得多。一辆车里最多不过死几个人,而一架 A380 空客若发生空难,近八百名乘客会丧生。这样,第二种事故中人的生命价值远大于前者也就不足为奇。

因此我们看到,在统计学上和虚拟情况下,个体身份完全消除并造成生命价值的差异,正是这一差异化解释,证明了为什么不同行动领域中我们放弃救人的成本之间存在巨大差异。在理性的旗号下,健康经济学家们对老年病人高昂的医疗费用抱怨不已,重申一遍,正是如此,人和法国军用吉普车并无二致。

我们有时在文学作品中也会发现这个主题,例如,第三人称的死亡——"他的死亡"与第二人称的死亡——"你的死亡"之间的区别。医生面对着每一个患者,属于第二种情况,这也证明了人类的生命在医学上是"无价的",也就是说其价值没有最高边界的限定。这一切都说明了"他的死亡"与"你的死亡"截然不同,任何向中间状态的①的转变都值得我们认真分析。我现在感兴趣的是——第一人称的死亡——"我的死亡"。我们即将看到,这个亲密关系的极致也逃脱不了统计学的思考视角。

---

① 我研究过一个统计学上消除个人身份的极端案例,推导出人的生命**没有任何价值**:这个案例是切尔诺贝利核事故中的遇难者。从没有过哪个历史事件,对其伤亡人数的统计是如此的不一致。官方给出的数据是几十人死亡,而在大约一千万人口的感染区,给出的数据是几十万人死亡,二者之间的比例是1∶10000。我觉得很难用一方不诚,一方不满来解释这个巨大反差。事实上,这是个哲学问题。有的行为或事实产生重大影响的可能性微不足道,我们就不作道德考量了吗?有的行为或事实涉及人口广泛但产生的影响微乎其微,几乎难以察觉,我们是否应该通过损失和利润来弥补?核事故中,放射性物质长时间向外释放,且辐射范围广,不能说某人死于癌症或白血病就一定与切尔诺贝利核泄漏相干。只能说,其死于癌症或白血病的可能性由于核事故而稍稍变大了。因此我认为,这场核事故导致数万人丧生的说法无法全部证实。但官方说法是,这一庞大数目不存在。参考让-皮埃尔·迪皮伊《回顾切尔诺贝利事件:愤怒者日记》(*Retour de Tchernobyl. Journal d'un homme en colère*),瑟伊出版社,2006年。

# 第四章

# 等待:自身的死亡与金融泡沫的破灭

当我小的时候,我觉得死亡是一种状态过渡到另一种状态的过程,就像缓缓入眠,在这个过程中,我们的意识、力气、功能逐渐丧失殆尽。跨越死亡的界线时,不会感到任何断裂或唐突,也不会有一点痛苦或磨难,有点像水,到了沸点之后自然而然地从液体变成水蒸气。但今天看来,这真是荒谬至极,因为人们临近死亡的时候,常常也是求生欲最强的时候。让·拉封丹在其寓言《死神与垂死者》中巧妙地写道:

> 越是离死亡不远的人,就越是不甘死去。

死亡终会降临,这一点已经确定无疑,但无情的命运女神阿特洛波斯(Atropos)忘记告诉我们确切的时日。因此,这带来了不可估量的后果。有的人把未知的死期等同于未定的死期,又把未定等同于不存在,因而觉得可以一直活下去。拉布吕耶尔写道:"某些不确定性稍稍弱化了死亡的定数,因为时间中的未知性拥有某种无限的东西。"① 也有人因这种未定让他们无法认清自己而烦恼。有人无数次向伟大的阿根廷作家豪尔赫·路易斯·博尔赫斯提问:

"跟我们谈谈您自己吧,博尔赫斯先生。"

"谈谈我?可我对自己一无所知啊,我甚至不知道自己的死期!"

如果想对访谈的日期发表一些议论,我们可以借助**先将未时**②——这一将未来转换成过去的神奇时态,然后说:在说了这番令人难以忘怀的话之后,又过了七年零三个月,博尔赫斯死了。然而,这是一种他人可望而不可即的奢侈。

我之前说过,我感兴趣的是将我们与灾难分离的那段等待它降临的时间。灾难不可避免,只是时间未知。也许可以这样描述时间的矛盾面目:灾难的到来是个意外,但这样一个事实

---

① 拉布吕耶尔(La Bruyère),《品格论》(*Les Caractères*)(1688),XI,第38页。
② 先将未时是法语中的一个时态,主要用来表示某个在另一个将来的动作发生之前已经完成的动作。——译注

不是或不应该是一个意外。我们知道,我们会不可避免地走向生命的终点,但对终点我们一无所知。直到它出其不意地抓住我们之前,我们都活在它还没有走近我们的希望中。吸引我的地方是,我们越往前走,就越是有客观理由让我们相信离死亡剩下的时间在延长——仿佛死期离我们远去的速度比我们接近它的速度还要快。我们正是在接近死期却全然不知的时候,有充分理由相信死亡还遥遥无期。明明是彻头彻尾的意外,但因为我们已经提前知道了我刚刚所说的一切,我们就不应该因为意外而感到惊讶。于是,时间朝着两个相反的方向发展。一方面,我们知道自己会越来越接近死期,但不知道它何时来临,那我们真的会将它看作确定的吗?另一方面,也是我刚刚考察过的情况,我们在看不到死期的情况下越是一直往前走,越是有坚定的理由相信自己福星高照,死期尚早。

我想到的第一个例子是在特定年龄段的预期寿命,也就是一个人到了一定年龄后所剩余的平均生存年数。我们会说,随着年龄增长,剩下的时日也逐渐减少,但这并不一定就是对的。比如一个孩子的寿命,即他所剩的生存年数①,能够随年龄而增加。他已经度过了生命最初的关键期,这一事实

---

① 准确的表述应该是:"年数期望值……"在后文中,我将从概率意义上使用"平均"这个词。

本身正是他体质健壮的征兆,因此他可以活很长时间。知识(我们不可避免地终老)和推断(死期后退比接近的速度更快),二者从相反的方向牵拉我们生命的轴线。

幼儿死亡率增加,这个情况比较特殊,我们国家早就超标了。即使是美国,最富有的国家,在这方面(唉,还有其他方面)也没有比像巴西这样的第三世界国家更好。然而,正是这里个人选择被认为起着一定的作用——一个精力充沛、正值盛年的中年人遭遇癌症或中风,他会通过查看死亡率表来使自己安心。他甚至不必看总人口的死亡率,只消查看如他一样经历上述意外遭遇的人群即可。显然,随着时间推移,我们离最初发病越远,疾病复发的可能性越小,剩下的平均生存年数也随之增加。当然,除非一个新的突发情况出现。

这个等待的时间看似有矛盾之处,但有种数学概念能帮助我们理解:分形理论。无论我们按照什么比例观察一个物体,它都是一样的,我们就把这个物体称为分形几何。比如一片雪花,或者布列塔尼的海岸线,无论放大还是缩小其形状都非常近似。这个概念由法国数学家伯努瓦·曼德尔布罗[①]提出,他确实是这个时代最具独创精神的天才之一。"分形"应

---

[①] 伯努瓦·曼德尔布罗(Benoît Mandelbrot, 1924—2010),数学家,拥有波兰、法国和美国的三重国籍。曼德尔布罗的研究范围广泛,从数学物理到金融数学,但他最大的成就则是创立了分形几何。——译注

用于所有形状中。有趣的是,曼德尔布罗最先想到的是概率与频率分布。

我们最熟悉的概率分布是著名的"钟形"曲线①。假如我抛两千次硬币,则平均抛到一千次反面。也很可能不是这个数,但这个数值很大概率上位于以一千为中心的狭小范围内。当然不会排除特例(在两千次抛掷中,可能有几百次或一千五百次反面),但钟形曲线将它们归于极小的概率。

被考察事件(这里指连续抛掷硬币)通过聚合形成基本事件,当这些基本事件在因果关系上彼此独立时,我们可以观察到这种概率分布。即使先前已经抛掷出了很多个反面,在下一次抛掷中,得到反面的概率仍旧是50%。人们对这一切非常清楚,即使那些对统计数字厌烦透顶的人也是如此,因为在舆论民主国家中数据统计无处不在,一切都可以成为民意调查的问题。但这让事情变得复杂,当然也更有趣。

最近几年,另一种概率分布吸引了专家们的注意力,似乎有将钟形曲线搁置一边的倾向。几乎所有可能发生灾难事件的领域都能遇到它:大河涨水,加勒比飓风,火山爆发,印度洋海啸,地中海地区火灾,还有……金融泡沫及其破灭。诚然,这种概率分布赋予极端事件相对较小的可能性,但还是比钟

---

① 概率论专家称之为"高斯函数"或"正态分布"。

形曲线显示的可能性要大得多。随机事件的权重是其波动幅度(amplitude)与其概率的乘积。如果波动幅度巨大，而概率很低，但只要不是无限小，其结果也将是惊人的。正如重大灾难发生的可能性虽然微乎其微，但在预期结果中仍占有举足轻重的分量。可能出现的灾难如同一层厚厚的阴霾，遮蔽了我们展望未来的视线。

关于这种概率分布，我还没有想好给它取个什么名字，即使不是普遍存在，至少也在我们所关切的领域普遍存在。为了理解其存在的主要原因，我必须求助于一次思想实验。想象一下，一万滴雨均匀地落在一个区域，并有一百个杯子用来盛雨滴。下落的雨滴是互不干涉的，分配在每个杯子里的雨滴数会遵循钟形曲线。每个杯子里的雨滴数是一百滴，不会与平均数相差太远。一个杯子里装有过少或者几百滴的情况非常罕见。但我们现在换个条件，假设一个指定的杯子因为本来就有很多雨滴而会吸引更多下落的雨滴，那么杯子的雨滴分布就是另一种面貌了。与钟形曲线的平均值形成的偏差被一种自我强化机制扩大了，大大增加了此处特殊情况发生的概率①。

维尔弗雷多·帕累托②，意大利社会学家，此人的名字曾

---

① 在前一部分提到的波利亚罐子也是这样的例子。
② 维尔弗雷多·帕累托(Vilfredo Pareto, 1848—1923)，经典精英理论的创始人，社会系统论的代表人物。——译注

被用来给这种分布命名,他与里昂·瓦尔拉斯一起[1]在瑞士创办了洛桑学院,那里是新古典经济学的摇篮。帕累托对每个国家的收入分配情况很感兴趣,他发现到处都存在这种分布。比如:高于某一收入的平均收入与该收入有着稳定的比率关系。如果在法国,这个比率是 1.3。也就是说,高于最低收入的平均收入是最低收入的 1.3 倍,其中高于巴黎银行证券交易员工资的平均收入也是前者的 1.3 倍。正如斯蒂格利茨(Stiglitz-Sen)[2]委员会在关于幸福指数的报告中直截了当地表示,金钱只有通过其相对价值才能创造幸福。这意味着幸福同样也分配于所有社会阶层中。雨滴的实验以一种有趣的方式揭示了帕累托分布具有普遍性的原因。事实上,分配在杯子中的雨滴也遵循这种分布规律,但要想想它产生的原因:一个杯子里的水滴越多,那这个杯子吸引的雨滴就越多。帕累托分布意味着:越有钱,越有机会得到更多的钱。

帕累托分布是一种分形分布:无论以什么比例观察都是一样——此处指,无论我们以何种价值进行观察,都可以得到

---

[1] 里昂·瓦尔拉斯(Léon Walras, 1834—1910),法国数理经济学家与地质学家。——译注

[2] 该委员会关于"衡量经济成就与社会进步"的报告,2009 年 9 月 14 日,详见 http://www.stiglitz-sen-fitoussi.fr/fr/index.htm.

这样的分布。这也解释了高于某一价值的平均值与前者有稳定关系。我最开始思考过的,在一个幼儿死亡率较高的国家里的平均寿命分布情况,也阐明了这一特性。

曼德尔布罗曾经就为了说明分形分布的特性而使用了一个启发人的故事来解释。想象一片水域,常年被浓雾笼罩。那里有沼泽、湖泊与海洋。水域呈分形的分布状态,有人在其中一片水域航行。离对岸还有超过一天的行程,由于雾大,他看不见对岸。[①]

航行者在看不到对岸的情况下航行得越久,他越是会相信还要过很多天才能到达。因为看不见对岸,所以他不确定到达的日期。他反而会这么想:已经过了这么多天,我还不知道什么时候会到,这片水域很可能特别大,剩下的路应该还有很长。然而,对岸迟早会出现。而且在即将看到对岸的那一刻,恰恰是航行者对自己的理性坚信不疑,自以为彼岸还遥不可及的时候。到达之前等待的时日越多,最后越是感到意外。

---

① 据我所知,伯努瓦·曼德尔布罗(Benoît Mandelbrot)在《矿业年鉴》(*Les Annales des Mines*)某一期上第一次发表这个故事,但现在已经找不到了。我们在其著作《市场的分形方法》(*Une approche fractale des marchés*)(奥迪尔·雅各布出版社,2004年)中,可以找到关于分形的基本理论及其在金融市场中应用的通俗版导论。这本书在金融危机前出版了,极具前瞻性,但好像并没有得到相关领域的关注。曼德尔布罗在死前不久的一次访谈中声明:"一些严重的事情的发生不可避免。"(《世界报》,2009年10月18日—10月19日)

曼德尔布罗故事中的迷雾相当于德国哲学家京特·安德斯所说的"面对末日时的盲目"①。

我推测伯纳德·麦道夫(Bernard Madoff)②在进行金融诈骗时的精神状态大概也是这样的。凭借新客户源源不断并且不断增加的投资,他的投机金字塔开口越大,他越是相信金字塔会继续屹立不倒。然而,期限终将会到来,他不能无视,到时候整个系统就会像纸牌城堡一样崩塌。这一过程越漫长,意外来得越可怕。

我引用这个投机的例子并非偶然。诚然,麦道夫是个骗子,但为他设定一个理论上的特别命运是不公平也是错误的。曼德尔布罗很早就探讨过"诚实的"金融投机案,他从理论和实践上说明了这些投机现象受到分形规律的支配。处于欣快期,泡沫膨胀,越是乐观,越有理由相信情况会变得更为乐观。当气泡处于破裂的边缘时,欣快之情也达到顶峰。③

我刚介绍的理论已存在很多年了,多次得到实践的验证,并在金融领域广为人知。如果有业内人士不知道它,那他的

---

① 见京特·安德斯的《过时的人:关于第二次工业革命时期的灵魂》(*L'obsolescence de l'homme. Sur l'âme à l'époque de la deuxième révolution industrielle*),尼桑斯百科全书(EdN)出版社,2001年;以及《广岛无处不在》。

② 伯纳德·麦道夫,1938年4月29日出生于纽约,前纳斯达克主席,美国历史上最大的诈骗案制造者,其操作的"庞氏骗局"诈骗金额超过600亿美元。2009年6月29日,麦道夫因诈骗案在纽约被判处150年监禁。——译注

③ 见让-皮埃尔·迪皮伊,《恐慌》。

无知近乎于犯罪。① 那么,我们就从了解该理论的人的视角来看,这会改变他的行为吗?这个问题是可怕的,它把人引入相当矛盾的境地。此处的谨慎让我们想到一句格言:越有理由保持乐观,越应当杞人忧天保持警惕,因为死期可能不远了。这一充满悖论的命令转变为一条理论,它意味着乐观主义和悲观主义在某种程度上都是理性的,但悲观主义超越了前者,它以整个事件而不是发展过程为观察视角。我将这种谨慎称为"开明悲观主义"②。它在极端事件发生之后从思想中反映出来,并以意外与确信意外的双重视角审视整个过程。

向某人宣布他将会感到吃惊,这让哲学家想起了一个著名的悖论。美国逻辑哲学的领袖人物威拉德·冯·奥曼·蒯因③对此给予了精妙的评论。其中一条是这样的:一个星期日,我们告知一个死刑犯他将在下周被绞死,具体哪一天不知道。另外我们还对他做出如下预言:无论哪一天行刑,只要那

---

① 克里斯汀·瓦尔特(Christian Walter)与米歇尔·德普拉孔塔(Michel de Pracontal)在其合著的书《病毒 B》中指出,金融世界不可救药地依附于钟形曲线或正态分布(标题中的 B 与布朗运动有关,这是一种随机的运动,但每一步都遵循这个法则)。两位作者将金融危机的绝大部分罪责都归咎于经济和金融代理人公然低估特殊事件的严重性。

② 让-皮埃尔·迪皮伊,《关于一种理性的悲观主义》(*Pour un catastrophisme éclairé*),瑟伊出版社,2002 年;重编于"观点"丛书,2005 年。

③ 威拉德·冯·奥曼·蒯因(Willard Van Orman Quine, 1908—2000),当代美国著名的逻辑学家和语言哲学家。——译注

天一大清早我们去押赴他上刑场,他都会显得非常吃惊。这个预言如同一个恶毒的陷阱。回到牢房后,死刑犯在近乎绝望中努力地推算,希望能知道更多关于他死期的事。在他看来,死期不可能在下周日。因为如果他能活到下个星期六中午,那么就一定能推算出明天会被绞死——如此的话,第二天行刑他就不会感到意外。于是,他便把星期日从可能行刑的日子里划去。接下来就轮到把星期六也划去了。同星期日不能选的推理一样,如果星期五中午他还活着,那么星期六行刑就不会感到意外,因此,星期六也不可能是行刑的日子。划来划去,这些推理使他坚信一周里没有一天能称为最后的**那一天**——所以,他不会被绞死。所以,当我们在周四清晨去找他时,他显得非常吃惊——跟我们预言的一模一样。

无论这种推理的逻辑多么严密,我们已经明白了,它建立在对期限知晓的基础之上:死刑犯的生命不会超过下个星期日。但在资本主义世界里,这种条件恰恰无法满足。麦道夫期待着他的客户源源不断,投机者期望金融泡沫持续膨胀,无家可归的美国人为了买房子负债高达100%,因为相信房子会无限增值,最终可以成功收回投资。这样的资本主义之所以可能,前提条件是代理人相信它是不朽的。其原罪在于,想要拥有一个不确定的未来,从而有机会永远信守承诺。那些代理人必须预测增长将持续到无限遥远的未来,直到某个特定的时刻整个经济运行状况将尽如人意①——其基本标准是充分就业。这便是增长被神圣化的根源所在。曼德博带给我们的启示就是,最后的期限来得越晚,最终它不可避免的来临就越显得突然。

全球的领导人都曾以为资本主义已经重新步入正轨。随着车头行驶得比以往任何时候都要艰难,显出不妙势头,他们依然信心满满,坚信未来一片光明。其实,这样的时候他们更应该警惕自己的乐观主义,或许在路的转角,灾难已经虎视眈眈地等候在那里了。

---

① 用数学上的术语来说,系统在某一时刻的状况取决于我们确信衍生工具将无限期保持积极。

# 第五章
# 末日经济

刚说到那些持乐观态度的人应该更悲观一些,正因为他们太乐观了。相反,我们有理由认为,包括执政者在内的危机代理人一再表现出的"高涨的"乐观主义的背后,酝酿着没被道出的悲观情绪。

彼得·蒂尔(Peter Thiel)[①]是对危机洞察力最强的分析家之一,我把这里的推测归功于他的思考。他本身就是金融家,而且还很年轻,在资助脸书(Facebook)之前就创立了支付工具 PayPal。他的方法就是做一个"理性的灾难论者",但又不同于哲学家。他的投资决定,不管是好是坏,都不是来自复

---

① 彼得·蒂尔,"乐观主义思想实验"(The Optimistic Thought Experiment),载于《政策回顾》(*Policy Review*),斯坦福大学出版社,2008 年 3—4 月。网址:http://www.hoover.org/publications/policyreview/14801241.html.

杂、晦涩、具有自主决策性的数学模型,而是来自严谨、清晰和连贯的分析,并让其接受实践的检验。

令蒂尔深受震动的是,投机泡沫二十年多来的形成及其骤然破裂所具有的史无前例的特征。无论是欣快期还是后来的崩盘都表现出极端事件的特征,以至于似乎找不出分形分布。就在上世纪八十年代末,日本金融泡沫破灭之前,日本市值曾占世界总市值的一半,我们还以为太阳国会主宰全世界。还有九十年代末的互联网泡沫,我们何曾想到,这个人类史上最大的泡沫会在五年后被规模更加巨大的房地产泡沫取代。

一些人谈论着市场的非理性繁荣,但更多的人将矛头指向"交易人"的贪婪——好像出现了新事物似的。在道德诘难的背后却隐藏着知识分子的懒惰以及好奇心的缺失。尝试理解过去发生的事,这更容易让人找到满足感。

作为行家的彼得·蒂尔告诉我们,在金钱王国里,灾难论没有容身之处。与整个社会相比,金钱世界里人们对末日观的容忍度更低。如果一个投资人坚持认为资本主义也有日薄西山的一天,他能从中捞到什么好处呢?如果这真的变成了现实,那一切都无所谓了。假如人们预言了末日期限并且一语成谶,那么它马上会被篡改,因为灾难在今天就会发生。所以我们最好还是假装没有末日吧。然而,蒂尔在分析中指出其中存在的悖论,这并不意味着末日观对投资人的思考与行为没有重大影响,甚至恰恰相反。

当今资本主义的生存与全球化的成功不可分割地联系在一起。但全球化失败意味着什么?反全球化赢了吗?蒂尔排除了这一假设,因为他认为反全球化源自全球化。通过诠释托克维尔的观点,他认为全球化孕育于反对它的事物:全球化是一种天意的结果,具有天意的种种特征,比如:普遍性、持久性,总是逃脱人为控制,所有的事以及所有的人,都为其发展服务。不,全球化不会失败,如果全球化失败了,这只能是一次重大灾难的结果,包括资本主义终结带来的连带损害。作为一名灾难论者,这样的灾难我曾多多少少粗略地描述过[1]。正如我在前面所提到的,环境破坏和愈演愈烈的人类暴力之间相互作用,甚至危及人类自身的生存,但最可怕的威胁仍然是不断扩大的核冲突。

蒂尔认为,由于灾难恐怖至极、令人不堪承受,经济和金融代理人无法面对灾难降临时的种种情形,并将它们排除在他们的计算之外。然而,正因将其排除在外,反而赋予了灾难一个地位,事实上,一个非常重要的地位。为了理解这一悖论,我们不妨做一点简单的计算。设想一下,一个投资人深知

---

[1] 让-皮埃尔·迪皮伊,《神圣的标记》(*La Marque du sacré*),弗拉马里翁出版社,2010年。

灾难的威胁却不愿深想。他凭直觉知道,资本主义未来的生存之路如同通往高山险峰的狭窄小道,一不小心就会坠入两侧的万丈深渊。我们假设,该投资人乐观地认为企业经营状况好转的概率是 10%,他预测自己准备参股的某公司的股票每股会增值 100 美元。如果这种乐观情景成真,那么,此人今日会将股票估值为多少？我们的回答是 100 美元的 10%,即增值总量乘以概率,也就是 10 美元。需要注意的是,这样的计算几乎把另一种情况,即概率为 90% 的情况逼进了死胡同,因为它带来的预期损失将是无限的！而代理人选择遗忘第二种情况,这种有意的遗忘恰恰是悖论的核心。蒂尔要论证的是,当泡沫膨胀接近末期,那些代理人没有选择 10 美元的市值,而是更大的市值,几乎接近 100 美元。实际上,将反末日论的逻辑推演到最后,他们还是认为,在他们幸存的所有可能的世界里,这只股票的价值就是 100 美元。所以说他预期的价值就是 100 美元。

如果这就是代理人们的逻辑推理,这倒让人想起国家彩票幽默的广告词。它骄傲地宣称,百分之百的彩票中奖者都买过彩票。但是,要想真正了解近年来的金融泡沫,蒂尔坚持认为,应当深入金融泡沫形成的背景中去思考。九十年代末的投资人之所以敢在互联网公司上孤注一掷、铤而走险,因为他们没有看到除末日以外的其他未来。随着股市崩盘,积蓄化为乌有,美国的新穷人们转而又扑向**次级信贷**,因为他们把它看作能够避免退休之后悲惨境遇的唯一选择。或许这些人比其他很多人都清醒。因为只要认定未来不是灾难性的,而且这是唯一的未来,并根据这一事实赋予这一未来会确定发生的概率,那么,他们就会从中推理出实现这种未来的做法。

现在我们可以说清楚蒂尔的悖论了:归根结底,末日观正是乐观主义被推向极致的原因。行文至此,我非常担心我的分析会强化我所主张的理性的灾难论(悲观主义)的思维方式。因为极端的乐观主义来自一种普遍的、未经思考的灾难论(悲观主义),并反过来证明灾难论(悲观主义)是理性的。

# 第四部分

经济理性的批判

经济正在丧失能够使其成为道德经济或政治经济的品质。在与政治的权力角逐中,它取得的每一次胜利都得不偿失。它以专家的名义,夺取一个又一个权力地位,却是为了迎合它的保护神"市场"——为了满足对确定性的渴求,还要将多少位高盛公司的资深人士送上国家首脑的位置？——但是,如果只是把政治当作其奴仆,那它也会逐渐失去自我超越的能力。

在前文的分析中,我们似乎已经找到能调解经济理性与政治理性的事物:通过未来进行协调。现在,我们在这里将研究其协调的可能性的条件,既有人类学、逻辑学意义上的,也有形而上学意义上的。如果事实证明这些条件不再令人满意,更糟糕的是,它们不可能再让人满意,那么,我们有充分的理由预测经济将终结,以政治手段来解决暴力问题,这是我们的出发点。既然我们应当为现代性的后经济阶段(phase post-économique)做好准备,这个问题举足轻重。即使未来的发展相对技术性,也无法遮蔽这一问题的重要性。

通过未来进行协调,意味着所有代理人都把他们共同的未来视作固定的。我要重申的是,我所使用的"固定的"一词,即某一行动或某一事件是固定的,是建立在该行动或该事件"反事实独立"的意义上的。无论一个代理人做什么,他都认为自己的行动对于未来没有任何反事实的影响,即使这一行动促成了他的决定。但是,即便他做了完全不同的事,未来也依然是一样的。因为这个未来是一个固定点,一个参照,一个对所有人来说共同的参照。

因此,未来的协调将我们不得不称为宿命的某种东西与代理人的自由选择结合起来,而这正是经济理性发挥作用的条件——目的是让经济重新变得理性起来。此处,我们不由得想到马克斯·韦伯[1]联系新教伦理与资本主义精神[2]的著

---

[1] 马克斯·韦伯(Max Weber, 1864—1920),德国著名社会学家、政治学家、经济学家、哲学家,公认的古典社会学理论和公共行政学最重要的创始人之一,被后世称为"组织理论之父"。——译注

[2] 马克斯·韦伯,《新教伦理与资本主义精神》,雅克·沙维(Jacques Chavy)译,普隆出版社,1964年。

名论断。我们应该重新回到这个富有争议的论断。我们将共同进行一场概念旅行,就像玩多米诺骨牌一样,它将引导我们一个接一个地推翻某些现存的形而上学以及理性主义的原则,目的是打破教条,包括它的否定形式——让-保罗·萨特说得很好,称其为"欺骗"(mauvaise foi)。经济的运转离不开"对未来的信心"——这谜一般的、含糊不清的表达埋藏着巨大的财富,如果我们能够用适当的方式去分析它。一个接一个轰然倒塌的原则是:一、因果假设,似乎某些自由代理人能够对过去产生某种力量,当然,也可能没有任何影响。二、理性选择经济理论的一个基本公理,即支配性策略原则。

# 第一章
# 加尔文教选择的非理性
# 与资本主义的活力

今天,韦伯的理论比以往任何时候都更受争议,社会学家和历史学家毫不客气地质疑其逻辑连贯性的缺失以及事实依据的不足。我感兴趣的首先是连贯性的问题。该理论呈现出悖论的形式,但悖论既非因为其不一致也非因为其矛盾性。事实上,它有自己的身份特征和稳定性,即使在各种变形的状态下我们依然可以辨认出它。因此,韦伯的悖论形式,具有一种我称之为"神圣的标记"①的形式。我怀疑,韦伯理论在今天之所以被诋毁,与其说是因为人们以为能够反驳他的经验论②,

---

① 见让-皮埃尔·迪皮伊,《神圣的标记》,前揭。
② 例如,阿奈特·迪塞尔冈(Annette Disselkamp)的著作《马克斯·韦伯的新教伦理》(法国大学出版社,1994年)。这一研究的闪光之处在两方面。首先,他梳理并阐述了韦伯作品引起的主要争议;其次,他置身于(**转下页注**)

不如说是因为对其逻辑结构的深刻误解。

不要再误读韦伯了,他的理论并不旨在阐明新教国家是培育资本主义和经济发展的首选之地。尽管对于韦伯及其同时代的人以及我们来说,这一观点不言自明,或者理应如此,除了在那些自欺欺人的拉丁语国家或天主教国家。皮埃尔·肖努(Piere Chaunu)告诉我们:

> 看看1980和1560年的地图吧,它们几乎可以重叠。既成事实就从没变过。所有的较量都发生在1520年与1550年之间,改革与反对改革之间的界限一旦标明,就不再摇摆不定。16世纪中期与20世纪末的版图相似度是95%。版图中的国家和地区,不论是按照个人收入从高到低的顺序来排列,还是按照研究与发展的投入情况来排列,或者根据沃尔特·惠特曼·罗斯托①的经典排序,即按照这些国家或地区进入经济腾飞

---

(接上页注)批判的立场(作者在雷蒙·布东[Raymond Boudon]的指导下进行研究,指责韦伯试图将资本主义精神的形成纳入到"单一宗教起源中去",却"没有考虑社会实际发展变化",第189页),指出我们因为忽略这里被称作"规划时间表"(temps du projet)的结构一致性而犯下的错误和混乱之处,并对它们进行梳理总结。详见下文。

① 沃尔特·惠特曼·罗斯托(W. W. Rostow, 1916—2003),美国经济与政治理论家。——译注

和持续增长阶段的时间来排序,我们会发现,排在前面的大多数国家总是那些新教国家,或新教文化主导并飞速地取代加尔文教传统的国家,其数量超过80%。①

但韦伯的理论更加明确并有所限定。他在加尔文派宿命论教义与资本主义精神之间建立一种因果联系,或者更宽泛地说,一种"选择性姻亲关系",解释这些并非易事。资本主义精神本身无疑是资本主义发展的必要条件之一,远非充分条件。然而,这种精神并不是加尔文教白纸黑字的道德说教塑造出来的,而是教义对不安灵魂产生的意想不到的效果。

我们先来回顾一下韦伯的论述框架。首先,他分析的不是加尔文派教义本身,而是根据新英格兰清教徒的社会文化阶层及其个体心理来分析他们阐释教义的方法。加尔文派教义规定,每个人因自己永恒、神圣的抉择而归属于一个阵营,即上帝的选民与下地狱者两个阵营,但他们并不知道自己属于哪个阵营。他们对此神谕无能为力,没有什么可以让他们赢得或者更配得上灵魂的救赎。上帝的恩宠会通过神迹

---

① 皮埃尔·肖努(Pierre Chaunu),《教堂、文化与社会——论改革与反对改革》(1517—1620)(*Église, culture et société. Essais sur Réforme et Contre-Réforme*[1517—1620]),赛迪斯出版社,1981年,第46页。

(signes)显现。重要的是,这些神迹无法通过内省来体察,而是通过行动去获得。这些教义中最基本的一条是,对上帝的信仰只有在职业活动①中经受住考验才能获得救赎。这也是路德教留下的遗产。但这种考验需付出高昂的代价,它要求井井有条、孜孜不倦地工作,永远不能得过且过,也不能享受财富。讨厌工作会被视为恩泽丧失的表现。

韦伯注意到,这个实际问题的"逻辑结果""显然"应该是"宿命论②"。宿命论也就是放任自流的生活选择,表现出"对工作的厌烦"。它实际上是理智的解决办法,因为**无论人们处于什么状态**,我们要么是上帝的选民,要么成为下地狱的一员;我们在工作的考验中付出高昂代价,却什么也得不到。根据理性选择的理论,有人说这与一种"支配性策略"相关。确切地说,**在每个可能出现的情形里**,这个策略都是最好的。然而,韦伯的整个论著都在努力解释为什么**普通民众**都做出了相反的选择以及是如何做到的。

流行的加尔文派教义认为:"将自己视作上帝的选民是一项义务;对这一点有任何怀疑都来自恶魔的诱惑,应当将其驱逐出去,因为对自己信心不足说明信念不够坚定,也就

---

① 马克斯·韦伯使用的德语词 Beruf 有双重含义,即职业活动与使命召唤。

② 马克斯·韦伯,《新教伦理与资本主义精神》,第141页,注释67。

是说,没有得到足够的恩宠①"。相反"在一份职业中孜孜不倦地工作"②,可以让自己信心十足,相信自己正在受到上帝的恩宠。

今天,路德教与加尔文教之间的争论仍然备受关注。前者指责后者重回"通过劳作获得救赎"的老路,这让加尔文教非常恼火,尤其恼人的是,人们竟将他们的教义与他们所憎恶的天主教教义混为一谈。这一指控认为,宁可付出巨大代价也要获得恩宠*神迹*(signes)的人,其所作所为就好像这些神迹是得到救赎的原因,这也意味着把神迹当作结果(神的选择)。这便是历史学与人类学的重大悖论:一种最初完全与个人能力相悖的决定论思想,最终竟建立起一种高度遵从能者居高位原则的社会体制——此人须配得上他的救赎。

加尔文教的选择似乎是非理性的,其中有两个原因,实际上也许只有一个。一方面,这一选择触犯了理性的底线,即支配性策略原则。另一方面,它似乎涉及一种对魔法的看法。但正是在这里,韦伯的理论表面上看变得自相矛盾。事实上,它试图表明,禁欲的清教主义是这个世界漫长的"祛魅"运动

---

① 马克思·韦伯,《新教伦理与资本主义精神》,第134页。
② 同上,第135页。

的终点,即拒绝"用任何魔法的手段实现拯救,如各种迷信和渎圣行为"①。韦伯的理论坚持认为,正是清教徒这种对于存在的概念,"守护了*现代经济人的摇篮*②",产生了*经济理性主义*③,并将资本主义"精打细算的精神"从简单的经济手段转变成普遍的行为准则④。

那么,我们是否应该得出这样的结论:理性选择理论是经济理论的基础,而"经济理性主义"与这一最没有争议而且最符合理性选择理论的公理有着不容置疑的矛盾?以及世界的祛魅建立在魔法的基础上?人们理解那些评论家的词不达意,也几乎可以谅解他们对更可靠的理论更感兴趣。而我认为他们错了,应该澄清一开始就出现的逻辑悖论,我们才能进入到人类学的真相中去。

我们首先要了解的是,韦伯不是在逻辑学与人类学之间,而是在逻辑学与心理学之间建立对立关系。以下这段文字中的部分内容我在前文中引用过,它从整体上做出了解释:

---

① 马克思·韦伯,《新教伦理与资本主义精神》,第122页。
② 同上,第240页。
③ 同上,第205页。
④ 同上,第207页。

很明显,宿命论(fatalisme)应当成为天意(prédestination)一说的逻辑结果。但是,由于"考验"(Bewährung)的观念,心理结果恰恰反过来。上帝的选民生来就抗拒宿命论;正是通过拒绝宿命论,他们证明自己被选中,而被选中的事实使他们在劳作中更加专心与勤勉①。

假如出于对支配策略的尊重来解释"宿命论",正如我之前做过的那样,那么一个人被选中的征兆便是他给予自己触犯理性底线的自由。而这一坚定的非理性选择似乎给"经济理性主义"的发展奠定了一个薄弱的基础。

但我们不要误解韦伯的用词。大多数评论家都将"宿命论"或对它的抛弃分别与对自由意志的否定或者自由意志等同起来。因为上帝替我们做出选择,我们便没有选择的余地。评论家混淆了神学争论与韦伯感兴趣的问题,即特殊背景下代理人解决实际问题的办法。的确,基督教神学经常从恩宠说中——它与天意论可谓一脉相承——得出结论:人类的自由意志并不存在。这种命题被称为是"不兼容的"。但马克斯·韦伯所说的清教徒很少在意神学家的危言耸听,他们关心的是他

---

① 马克思·韦伯,《新教伦理与资本主义精神》,第141页,注释67(我用楷体字表示强调)。

们自己的灵魂得救。韦伯所说的"宿命论的"答案,并且他补充说,它应该已经构成了天意论问题的"合乎逻辑的"解决方案。我认为这是一个兼容的答案,并不亚于表面上不合逻辑的,在韦伯看来,也是绝大多数清教徒给出的答案。该答案建立在天意论与自由意志在逻辑上并不矛盾这一命题的基础上。

在关于韦伯的评论中,以上所说便是第一个也是最严重的阐释错误,它带来了一系列的含混不清和故弄玄虚。比如,具有清教思想的作家与清教布道者们的说教是否与韦伯的命题相一致,或者相反,前者只是为了表明后者毫无意义。评论家们注意到,某些人,至少那些作者,在关键问题上表现出某种奇怪的犹豫不决,在不同立场之间摇摆不定。当他们针对"救赎的确定性"(他们认为这个问题举足轻重)阐述天意论及其后果时,主要参照的并不是劳作本身,而是信仰的主观经验。相反,当他们必须谈论宗教活动时,反而将天意论搁置一旁,转而求助于上帝的羔羊[①]的自由意志,好像他们能够争取并赢得救赎似的。阿奈特·迪塞尔冈(Annette Disselkamp)认为有充分理由得出如下结论:"所以,我们与两类相互独立的说法息息相关,而不是韦伯提出的同质观。[②]"

---

① 此处指具有清教思想的作家们。——译注
② 阿奈特·迪塞尔冈,《马克斯·韦伯的新教伦理》,第124页。

理查德·巴克斯特[①]的案例尤其耐人寻味。韦伯大量引用过这位清教神学家的话,而他事实上却被同行批评与天主教暗通款曲,简单地用恩宠说代替对加尔文教的解释,用劳作代替对"教皇主义者[②]"的解释。劳作之所以在教义宣传中占据重要地位,并不是因为他们凭借劳作就能够成功地获得救赎的*征兆*,而是因为劳作让他们获取救赎的征兆成为可能。巴克斯特的这种立场近乎异端,尤其从他反对天意论的极端形式之一——反律法论的论战可见一斑。反律法论教导人们,不管用何种方式努力获得救赎,原罪终归是原罪,遵守道德戒律并不是得到救赎的原因,因此道德戒律就可以废除了(反律法论的名称由此而来)。面对这一危险,一名评论家不久前写道,"在巴克斯特的思想中,依靠劳动的价值即便是*不正确的*,也好过不加检验就盲目*相信*一种理由,以及基督徒无需付出*努力*就可以成圣的想法。[③]"

巴克斯特的案例并非唯一。在清教主义历史学家威廉·霍尔(William Haller)看来,清教传教者赋予自己的首要任务

---

① 理查德·巴克斯特(Richar Baxter, 1615—1691),英国清教领袖,诗人,神学家。——译注
② 此处指天主教徒。——译注
③ 尼尔·霍华德(Neil Howard),《理查德·巴克斯特,文学中的清教徒》(*Richard Baxter , purtian Man of Letters*),阿奈特·迪塞尔冈译,牛津,克拉伦登出版社,1982年,第69页。(我使用楷体字表示强调)

就是回答如下问题:"我该如何做才能得到救赎?"[①]但如果人们力争获得救赎,岂不是自由意志代替了宿命论? 加尔文教义最终与它所认为的异教之一的"阿米尼乌斯派教义"混为一谈。阿米尼乌斯是荷兰的自由人文主义者,其学说建立在自由意志之上,与顺从天意的宿命论相反,它提倡宽容,鼓励贸易。然而,阿米尼乌斯派却在政治上被击败了,反倒是纯粹且强硬的加尔文主义在国际贸易中乘风破浪,成功登陆荷兰[②],哦,多么伟大的历史悖论!

假使我们离开神学争论的世界,假使我们像马克斯·韦伯一样关注**实际**问题,我们就会发现所有这一切都是表面的对立。同样,韦伯所说的"宿命论",可以说是理性解决问题的选择,尽管建立在天意说的基础之上,但也是自由选择的结果。同样,清教徒选择通过劳动获得救赎是命定的,但也是自

---

① 威廉·霍尔,《清教主义的兴起》(*The Rise of puritanism, or The Way to the New Jerusalem Set Forth in Pulpit and Press from Thomas Cartwright to John Lilburne and John Milton* [1570—1643]),第二版,纽约,哈珀出版社,1957年。引自阿奈特·迪塞尔冈,《马克斯·韦伯的新教伦理》,前揭,第143页,注释2。

② 正如阿兰·佩雷菲特(Alain Peyrefitte)在《信仰社会》(*Société de confiance*)指出的,"反对宿命论——荷兰的所有实践都体现了这一拒绝。然而,**悖论的是**,该共和国是加尔文教的,由那些誓死捍卫宿命论的人建立起来。"奥迪尔·雅各布出版社,1995年,第119—121页;"既然我们采用相容主义的观点,那么矛盾顷刻间化为乌有。"同样参见阿兰·佩雷菲特,《论经济中的"奇迹":法兰西学院课程》,奥迪尔·雅各布出版社,1995年,第119页。(我使用楷体字表示强调)

由的选择。评论家们的盲点在于,没有在前者中看到自由,没有在后者中看到宿命。

在威廉·珀金斯①的案例中,之前那些评论家的盲点显得更为明显。这位清教徒神学家,伟大的理论家,曾提出理性的新教决疑论(casuistique)。该理论根据对"良心"、"问心无愧"的分析,与其自身相一致,完美地确信上帝与之同在。原则上,作品与事件本身无关。正如阿奈特·迪塞尔冈写道:"选择与选择经验混淆不清。②"然而,珀金斯也同样关注"通往宿命的手段"。他这样写道:

> 注定善终(永恒的救赎)的人也注定要通过一些手段达到善终;假如没有这些手段,善终绝无可能。因此,被选中的人必定得到救赎,因为他们确信自己能被选中。人们因而断言,他们由于同样的确信必能得到达到此目的的手段。

他接着写道:

---

① 威廉·珀金斯(William Perkins, 1558—1602),英国加尔文派神学家。——译注
② 阿奈特·迪塞尔冈,《马克斯·韦伯的新教伦理》,前揭,第138页。

无论是我们自己,还是我们的邻人,都以宿命和信仰的结果而非原因为名,相信会成为上帝的选民并得到救赎,这是善行的主要用途之一①。

我们起码可以说,这段引文更支持韦伯的论断,而不是清教主义只能用信仰经验的内在尺度来衡量恩宠的确定性这一论断。韦伯的评论家们该如何提出相反的主张呢?珀金斯颇费周章来支持那些言论,"尽管有宿命因素②",他还是证实了那些行为,同样,他确立了相反的论调。最大的敌人依然是反律法论,及其引起的道德衰败的危险,给教义带来巨大的影响。正如珀金斯本人对它的抨击,他写道:

假如我们注定永生,命途已定,不可改变,那么我们还有什么必要费劲相信或完成善行呢?③

---

① 选自威廉·珀金斯的《剑桥大学德高望重的神学家威廉·珀金斯的作品集》(*The Workes of That Famous and Worthy Minister of Christ in the University of Cambridge, Mr. William Perkins*),伦敦,1616年,第1卷,第435、437页。阿奈特·迪塞尔冈引用并翻译,《马克斯·韦伯的新教伦理》,第138—139页。(我使用楷体字表示强调)

② 阿奈特·迪塞尔冈,《马克斯·韦伯的新教伦理》,第140页。

③ 《剑桥大学德高望重的神学家威廉·珀金斯的作品集》,伦敦,1616年,第1卷,第438页。阿奈特·迪塞尔冈引用与翻译,《马克斯·韦伯的新教伦理》,第139页。

阿奈特·迪塞尔冈认为可以得出如下结论：

> 珀金斯要解决的难题不是回答不坚定的信徒的疑问，而是同时支持宿命信条与行善的必要性。在宿命论中，终点（救赎）与手段（善行）不可分离，注定永生意味着注定依其法而行之，他只需要表明这一点来解决问题。当然，这里明显有个**悖论**。因为，如果真有宿命，那么逻辑上便无所谓得到救赎的"手段"。然而，珀金斯不想抛去这些"手段"，他担心这样一种立场会导致道德上的放纵。为了摆脱这一窘境，他表明这些手段不属于选择，它和救赎一样都属于宿命，且不是宿命的原因，而是结果①。

由此看来，指出韦伯的错误要付出的代价就是陷自己于矛盾的窘境，因为我们不能理解一个精妙理论的立场！在揭示并证明它之前，让我们再次总结一下。（对于道德戒律）**自由代理人尽管命途已定，也会做出韦伯所说的理性的、反律法的、"有逻辑的"或"宿命的"选择**，也就是支配性策略的选

---

① 阿奈特·迪塞尔冈，《马克斯·韦伯的新教伦理》，第139页。（我使用楷体字表示强调）

择,这样的风险确实存在。但是,命途已定的代理人也可以做出其他自由选择,如选择"努力"。珀金斯的观点与此观点如出一辙:注定永生的人也注定要通过一些手段来达到永生,即为了得到救赎而行善,但也仅仅是为了确保得到救赎。这也正是韦伯写过的一些话,前文我们引用过:"上帝的选民生来就抗拒宿命论;确切地说,他们正是通过**拒绝**宿命论来证实自己被选。"这句话一点也不矛盾,而是非常具有逻辑性的表达,尽管这种表达很特别。虽然手段属于宿命,但它们是自由选择的结果。它们是结果而非原因,信徒通过选择宿命的手段来"选择"宿命,显然这是结果,而不是导致宿命的原因——用我称为**反事实**的方法来确定它,这个术语我在第二部分分析自我超越问题的延伸部分使用过。这些清教徒做出了加尔文式的选择,他们义无反顾地拒绝了"逻辑的"解决方式,并对于过去给自己配备了一种反事实的能力,然而正是过去决定了他们。韦伯认为,这一选择为所谓的"经济理性主义"(rationalité économique)开辟了道路,但是,为了避免同严格的理性选择意义上的经济合理性(rationalité économique)概念相混淆,我后面会用"经济理性"(raison économique)一词。

我并不打算全方位地支持马克斯·韦伯的论断,仅仅替他针对那些重大误解进行辩护。那些他任意呈现出来的悖论,他本人并没有完全梳理清楚①。证据是,首先,针对宿命提出的具体问题,他描述了两种相互对立的解决办法。一种是"逻辑的",即宿命论、支配策略的解决办法;另一种是"心理学的",即尽力而为的策略。清教忠实的信徒遇到恼人的难题后一筹莫展:"我是被上帝选中的吗?如何才能确信这一点呢?"清教徒的选择便在这般忧愁以及想要成为选民得到救赎的强烈欲望中得到解释。评论家们可以毫不费力地指出这种解释不太真实甚至自相矛盾的特征,并通过比对历史数据,证明这种解释很难通过经验的检验。忠实的信徒们真的相信他们有能力获得上帝的恩宠而被选中吗? 在韦伯看来,有人试图给出肯定的答案,因为他们的行为证明情况就是这样,必须尽一切努力得到救赎。但事实上,他们脑子里的念头严重曲解了教义,教义需要他们承受的焦虑痛苦的责任被抛掷一边。另一方面,如果回答是否定的,那么,他们行动的意义何在? 正如阿奈特·迪塞尔冈写道:

> 个体深受宿命信条的影响——韦伯认为大部分信徒都是这样。个体意识到了所涉及问题的重要性,却并不

---

① 如何在这方面责备他呢? 阐明这些矛盾的理论方法 20 世纪八十年代才出现。对于当下的评论家我们也同样不会有宽容。

试图去改变。他之所以这样做,因为并没有真正理解问题的实质;但这种情况下,韦伯所描述的信徒的强烈反应几乎没有得到解释①。

这个故事说明了什么?确实,有许多忠实的信徒饱受宗教带来的绝望之苦,然而,他们的痛苦在于精神上没有寄托,他们并不打算通过善行来摆脱折磨。另一方面,"救赎的确定性"之所以成为神学家争论最大的问题之一,因为他们是在信仰中寻求救赎的手段,而不是在善行中。没错,善行也是评论家争论的问题,但只是当布道者在宗教活动中想要改变信徒的思想时才会涉及。在布道者看来,信徒认为即使善行也丝毫不能改变命运的想法令他们心安理得地毫无作为。因此,我们在清教徒身上只看到了不坚定的信仰,按照信条,这是可能不被选的征兆,这使其间接地躲避于行动中。简而言之,到处都是宿命论者(不是指韦伯使用的术语,在命途里**自暴自弃**,而是普通意义上的),一些人感到痛苦,另一些人却觉得幸福,或者说在任何情况下都无动于衷,对善行的召唤正是为了唤醒后者心中的道德戒律。

这一表述缺少一项假设,该假设对于韦伯及其评论家都

---

① 阿奈特·迪塞尔冈,《马克斯·韦伯的新教伦理》,第101页。

是一个盲点。那就是,清教徒的选择,即选择"宿命的手段",不是"心理学的",而是与宿命论一样,是合乎**逻辑**的,是一种常识。对于韦伯来说,拒绝宿命论是一个事实,它必须用原因,而不是用"心理学的"理由来解释。对于韦伯的批评家来说,拒绝宿命论是一个很小的事实,必须努力布道来提醒信徒这是一项义务。但让我们提一个问题:如果韦伯所努力阐明的并不是拒绝宿命问题的唯一"合乎逻辑"的解决方案,而是作为这个问题的**另一种**合理解决方案呢?如果拒绝支配策略有利于尽力而为的策略,与教义内容完全一致,并在事实上构成"自然的"答案呢?那么,这种解释不需要通过将一类信徒——"普通人"或者说他们的神学家——变成加尔文教的异端分子。

我认为情况正是如此,我现在试图证明这一点。如果证明能够令人信服,那么连同我之前所说的马克斯·韦伯悖论也将迎刃而解。假如加尔文教的选择十分符合韦伯所说的**经济理性**与资本主义精神,且我们可以表明这一选择属于另一种"合乎逻辑"的选择,也许比理性选择理论中体现合理性更高明,那么我们便能够将这种逻辑与经济理性区分开来。合理性导致了与理性相反的行为,经济学家们所谓的理性选择并没有与资本主义精神处于同样的高度。然而,正如马克思所赞扬的,资本主义超越了狭隘的合理性,在历史之风的吹拂下焕发生机。新英格兰清教徒可能并没有像马克斯·韦伯声称的那样行动,他们在资本主义发展中起到的作用也许比他所说的要小得多。出于讨论的需要,让我们先承认这一点。尽管如此,当资本主义精神超越了经济管理的层面,便与马克斯·韦伯理论中的清教徒的选择相一致,这仍然是不争的事实。简而言之(因此也可能带来混乱):新英格兰的清教徒可能并没有创造资本主义精神;但这并不影响资本主义精神与韦伯定义的新教伦理之间有着深刻的亲缘关系。

前方还有其他的惊喜等待着我们。优越的经济理性的诞生标志是对理性选择这一基本原理的拒绝,它与我说的未来的协调不谋而合。它的明显特征是:建立了承诺与契约的合理性与稳定性,消除了威胁与规劝的矛盾。它开辟了未来之路,实现了信仰伦理与合理性之间的和解。

最后,这一高明的理性还涉及信仰,到底是好信仰还是坏信仰,这正是问题的难点所在。如果坏的信仰占了上风,则危机降临,同时理性选择中的合理性重占优势,并摧毁经济的自我超越能力。

# 第二章
# 选择宿命

现在我邀请读者进行一些思考,至少从表面上可以让我们走出历史与宗教人类学,进而带着一点认知心理学和现象学的知识深入到逻辑学与形而上学中去。如果我能把这两类思考紧密结合在一起,那就是一种胜利。

据马克斯·韦伯的观点,选择加尔文教来自一种**拒绝**(韦伯的用语),一种对"逻辑"要求的**拒绝**。逻辑在这里似乎可以归结为理性。无论我身上暗藏的变量值是多少,在我所拥有的可能选项中,我倾向的选择都是一样的:我就是偏爱这个选择,果断选了,没什么好说的,我知道或不知道那个变量值都无所谓。普通的加尔文教徒不知道永恒的神谕将他们归于哪一类,是被选中的还是遭天谴的。但是,一个人如果相信在这尘世里无论做了什么都不会改变那所谓的神谕,为何还要费劲去知道自己处于哪一类呢?为什么不惜一切代价去弄清自己是否得了不治之症?不要费劲获取无用的信息,这才是理智的。加尔文教的逻辑学家就毫不关心道德戒律。这便是韦伯所说的"宿命论":不在命途中自暴自弃——对于一个面对特殊选择局面的自由代理人来说——这是最合理的举措,因为宿命不可能改变。但这种理智的加尔文教徒,韦伯没看到几个:在他看来,大多数清教徒已经**拒绝**了这种理智的宿命论。

理性选择理论代表了经济领域中个体选择的逻辑,大有四海之内概莫能外的趋势。我们在前一部分讨论过,死亡也包含于这一理论之内。该理论十分看重宿命逻辑,称其为支配策略原则,将其上升到公理的层面。这一策略也叫"确定性原则①"。

为了阐明这一点,我不想像全球的经济学家那样,借用一个题为《囚徒的困境》的美国民间寓言,我提议从我国的文学作品中汲取资源。

梅尔黛依侯爵夫人在《17××年12月4日致瓦尔蒙子爵

---

① 英语叫做 Sure thing principle,该公理借助偏好来说明:假如所有选项都归属于一个子集X,如果一个主体相对于选项q更倾向于选项p,在X的补集里也倾向选p,那么,即使他不知道所有选项是属于X还是X的补集,他都会倾向选p而不是q。

的信》中写道:

> 好了,到底怎么了? 您一大早在我家发现了唐瑟尼,您不高兴了? 您得出了什么结论? 这要么是碰巧,正如我跟您说过的那样;要么是我有意为之,但我没跟您这么说。如果是前一种情况,您的信是不公正的;如果是后一种情况,您的信就是荒谬的:这便是写信的苦恼! 其实*您是嫉妒*,而*嫉妒是无法思考的*。那好,我来为您分析一下。
>
> 您可能有一位情敌,也可能没有。假如有,那就得讨好,为的是得到偏爱;假如没有,那还得讨好,以免真的出现情敌。无论哪一种情况,要做的都是同一件事。那么,您为什么要折磨自己呢? 尤其是,为什么还要折磨我呢? 难道您不再是最讨人喜欢的那个人吗? 难道您不相信自己就是吗? 瞧,子爵先生,您真的错了[①]。

据梅尔黛依所说,瓦尔蒙只有两种策略可选:要么像个遭到背叛的平庸丈夫一样嫉妒、抱怨和愤懑,要么为了讨好

---

[①] 肖代洛·德·拉克洛(Choderlos de Laclos),《危险的关系》(*Les Liaisons dangereuses*)(1782年)第四部分,第152封信。(楷体字本人用来表示强调)

而不懈斗争,成为情场上的佼佼者。但是,无论瓦尔蒙处于何种情况(他不知道这是什么情况,并且饱受疑神疑鬼的痛苦)——是否被情敌排挤,他最应该做的(在梅尔黛依看来),就是选择第二个策略:"无论如何都要坚持同一种行动。"毫无疑问这是最佳选择,因此也就没理由自寻苦恼了。情况的不确定性没有对他要采取的决策起任何作用,因为决策与情况无关。在这种情况下,最佳选择本身就构成了"支配性策略"。

梅尔黛依侯爵夫人以惊人的方式展现了这一表面看起来不容置疑的**逻辑**。但她分析中的局限性也暴露无遗。可怜的瓦尔蒙想要知道!他的情妇有没有和年轻的唐瑟尼一起背叛他。他已准备好要为此付出高昂代价:写完信后,便是流血冲突!

支配性策略原则表面上具有不容置疑的逻辑事实,但从心理学角度来看是有问题的。更严重的是,只要稍加思索,即便是从逻辑上看也存在疑点。为了说明这一点,我得先坚持其表面上具有的逻辑性。一个经济学家会把合理性与最大化原则相混。无论是什么身份的代理人、企业家、银行家,还是消费者,都是为了尽可能地获得更多利润、收益、使用价值或者得到一种满足等等,视其具体情况而定。但要是有好几个标准之间发生了冲突,那最大化原则会怎样?假设我们需要依据学生的两类考试——科学考试和文学考试的成绩来对他们进行分类;再假设学生让每一门科目的成绩都比学生皮埃尔高;最后再假设我们还没有确定不同科目的加权系数。这个例子没有什么可纠结的,因为无论权数是多少,很明显让要比皮埃尔更受青睐,无需看权数才能确认。为了说明这一标准具有同义重复的特征,我们不妨举一个格言的例子:要成为既富有又美丽的人,而不是既贫穷又丑陋的人。显然,这句话不言自明,确信这一点并不需要在美丽和富有之间进行仲裁。

然而还有种情况是,大家都承认这种所谓的同义反复掉进了欺人的陷阱。在这种情况下,我们的选择对形势有影响。对支配性策略的定义是"无论是什么形势,这种选择都优于其他选择",既然选择对形势有因果决定作用,那这一说法就失去了意义。玛丽喜欢吸烟,并且她知道这种习惯会导致肺癌。其他条件不变的情况下,比起不吸烟她更倾向于吸烟,比起得肺癌她更希望不得肺癌。如果根据支配性策略,我们会(错误地)得出结论,玛丽继续吸烟是合理的。玛丽并不知道自己是否会得肺癌,但这不重要,因为如果必定要得肺癌的话,她就会倾向于继续吸烟;如果她知道不会得肺癌,也还是会倾向于吸烟。因此,继续吸烟对于玛丽来说是一个支配策略。这一结论有何价值？毫无价值，很显然。因为它忽略了玛丽的决定与她是否会得肺癌这个事实之间的因果关系。因为这一层因果关系，玛丽继续吸烟并且不会得肺癌这一情况就被排除在外了①。

假如选择与形势之间的关系本质上是反事实的，因此也不是因果的，那会怎么样？我认为，我之前的分析毫不为过，而且在此情况下，支配性策略的论述也毫无意义。在经济学家与理性选择理论家所处的世界中，无论如何都不会出现这个问题，因为不管知不知道，都会同意因果假设。然而在这确切的点上，经济理性是否可能成为一个问题，我将用一个著名的思想实验来阐明这一点。

一个叫威廉·纽科姆（William Newcomb）②的量子物理

---

① 事实上，梅尔黛依迫使瓦尔蒙接受的一套理论确实是一种诡辩的说辞，已然超越了支配性策略的说教式论述。因为瓦尔蒙的态度无疑会影响梅尔黛依是否决定要背叛他。什么样的影响呢？假如梅尔黛依妒忌瓦尔蒙与瓦尔蒙嫉妒她与他的情敌一样强烈（我的目的不是分析《危险的关系》的文本），那么，瓦尔蒙因为表现得像一个坏情人而有机会处于支配地位。瓦尔蒙成为一个好情人并赢得梅尔黛依的芳心这一情况被排除了，支配性策略的论述不攻自破。

② 有人怀疑是否有威廉·纽科姆这个人，我也怀疑。这可能就是美国哲学家罗伯特·诺齐克（Robert Nozick）的化名。他是第一个论述该悖论的人，将其归因于一个虚拟的源头。他也没有明确表示"威廉·纽科姆"是量子物理学家。已故的罗伯特·诺齐克是科学哲学家卡尔·古斯塔夫·亨佩尔（Carl Gustav Hempel）的学生，他一边研究量子物理学哲学一边授课。

学家在七十年代末发现了一个可怖的悖论,人们众说纷纭,从未达成一致并终止争论。这绝不是那种表面的悖论,靠一个简单表述就能说清楚,就像太阳升起驱散晨雾一样,而是那种真正的、让我们深陷谜团的悖论。构成这一谜团的是一个没有理由、没有目的的世界,我们身处其中,自由而无助。该悖论以不可置信的简洁明了的方式推翻了我们之前的所有工作。

以下是对该悖论近乎纯数学的、冷峻的表述:一个代理人面临这样的情形:有两个盒子在他面前,一个是透明的,里面有一千欧元;另一个不透明,里面可能有一百万,也可能什么都没有。代理人有两个选择,A:只打开那个不透明的盒子;B:打开两个盒子。实验开始时,还有一个预测人会根据预测来决定是否将一百万放到那个不透明的盒子里。当且仅当预测人预测代理人会选择 A 时,才会把一百万放进盒子里。代理人知道这一切,并且完全信任预测者的预测能力。他应该怎么做?

一些人得出结论是代理人应该选 A,因为他们本能地认为:预测人会预测到这一点,那么代理人就能得到一百万。他要是选了 B,可能只有一千欧——就是他在透明盒子里看到的一千欧,而不透明盒子里就是空的。悖论的是第二种观点也很坚决,得出的结论却是相反的。当代理人做选择的时候,不透明盒子里**可能有也可能没有一百万欧元**;如果他打开两个盒子,无论是哪种情况,显然他最少也能得一千欧元,因此,选择 B 是他的支配性策略。

在实验室①里完成的认知心理学实验表明,"绝大多数的普通人"(大约是实验对象的 75%)——再次使用韦伯的话来说——会违反支配性策略原则而选择 A,他们每个人都要得到一百万欧元。值得注意的是,(几乎)所有的专业哲学家和理性选择理论家或者博弈理论家都坚持选支配策略 B。他们每个人都要得到一千欧,还有对理性的坚守作为奖励。

也许他们是对的,但跟那些在他们看来完全没有理性,**蓄意拒绝**支配性策略的人比起来,收入囊中的钱实在少得可怜。我们会说,纽科姆提出问题的方式是奖励那些不理性的人。也就是说,非理性行为是合理的。但这一表述毫无意义,因为经济主体在他所面临的所有可选项中,其选择是否具有理性的唯一标准就是收益最大化。我们无法摆脱这一难题。纽科姆问题的丑恶在于,理性与其自身形成矛盾。

这所谓的非理性的奖励,即我们假设黑盒子里藏有一百万欧元,显然相当于马克斯·韦伯问题中的永恒救赎。两个

---

① 已故的阿莫斯·特沃斯基(Amos Tversky)在加利福尼亚斯坦福大学对学生进行的特殊实验。

问题的共性映入眼帘。遵循"逻辑"准则并选两个盒子的主体就是马克斯·韦伯所言的宿命论者,也是遵守支配性策略原则的:他们认为不透明的盒子是空的,相信自己是被抛弃的一员。而加尔文教徒选择以献祭的形式接受一定的代价,比如全身心投入到世俗职业的不懈劳作中,或者放弃透明盒子里的一千欧元,为的是让自己确信不透明盒子里有一百万欧元,或者自己是上帝的选民。但是,路德教批判加尔文教徒这样做是将神迹视作结果,以及将改变宿命的力量归于自己,这一批判也许不无道理?

纽科姆问题的关键在于,它用另一种形式的决定论,即预言决定论来替代宿命因果论。随之而来的就是决定论与自由意志之间的相容性问题。如果一个无所不知的预测人预测出我在某 t 时刻会做出某种动作,那我在 t 时刻有不做那个动作的自由吗?如果这是一个人类预测者,那理由似乎是显而易见的。例如,某人知道我本质上诚实可靠,那么他就能非常确定地预见到我会在到期前偿还债务并且一定会还清债务,这两件事丝毫无损于我做出其他举动的自由。但预测者要是神灵呢?这里的神指的是那些信奉有神论的哲学家和理性神学家心中的上帝。无所不知是其固有的本质。这就是说,假如我将做的事不同于我现在所做的,或者我已经做了不同于我曾做过的事,上帝会预料到这一切,如同他已预料到我在现实世界里做过什么和将要做什么一样。从本质上说,上帝在**所有可能的世界**中无所不知。神学忽略了这一点,经济学理论也一样,做了一些相同的假设,只是名称不同罢了:完美预测假设,理性预测理论等等。经济模型不断地遭遇纽科姆问题,也很容易遇上这些问题。这类问题出现的一个前提是,存在一些不满足于预测的预测者,他们要根据其预测结果来改变世界。在神学上,这是对上帝的定义。在经济领域,每一个代理人都肩负着与上帝一样的使命。

那个选择打开不透明盒子的实验对象,即作出加尔文教徒选择的人,他的推理阐明了,面对一个能预测一切的神灵,如何捍卫选择的自由。他推理说,通过这一选择,我期待在盒子里发现一百万欧元。我要是选了两个盒子,一百万就没了,只能得到透明盒子里的一千欧元。该实验主体决定自由选择,甚至由此改变了过去已定的事实。他通过这一选择,赋予自己改变过去条件的能力。在马克斯·韦伯的问题中,他赋予自己选择宿命的能力。这足以改变我们过去的能力难道不是非常牵强的并违背物理法则的吗?因为它违反了时间的不可逆性。假如这一能力被诠释成因果性的,那么此话成立。然而事实上对于现在或在未来,我什么也做不了,假如能有所为,那么我在生气时说的、导致女友弃我而去的伤人话,就不会说出口了。而现在只有道歉才能弥补过错,当然这是另一回事了。但是,这个几乎不可能真实的能力足以确保我的自由。这是一项对过去的反事实能力。如果我这么做,那么过去就是这样;如果我那样做,过去又不同了。我女儿断言,如果她把里约到巴黎的旅程推迟了一天,那一天就不会发生空难了,这样她就有了反事实能力。假如她要证明这件事,可以作出如下推导:是一颗幸运星在决定我的选择以及导致飞机坠落的一连串事件。正是这个共同的原因将我乘飞机与发生飞机坠海的事件排除在所有可能事件之外①。

我刚刚支持的观点是我们能够反事实地改变过去。但在因果关系上,我们不能改变过去,这一假设我称为因果假设。根据这一假设,当且仅当两个变量在因果关系上相互独立时,才会在反事实层面互不相关。我们能够在过去之上合情合理地建立反事实能力,这一事实本身清楚地说明了因果假设没有普遍价值。然而,支配性策略的(虚假)证明正是建立在这一假设之上。

卡尔·波普尔认为一切科学都以隐含的形而上学为基础,许多科学家坚决反对这一观点。经济学家是"软"科学的

---

① 这样一种情形被叫做具有共同原因的纽科姆问题。马克斯·韦伯问题也属于这一类。一个相同的原因,即那道神谕决定了我被选以及我表现得像个选民。如果我没有表现得像上帝的选民,那是因为神谕没有眷顾我并且抛弃了我。

捍卫者，但他们对该理念更加抵触，尽管其学科领域充满对人类行为，自由选择，因果决定论，过去、现在和未来之间关系的种种研究，是任何实证科学都无法建立的。他们中有些人如果看到我这段话，可能就会问：一个在所有可能的世界中无所不知的上帝与他们的学科有什么关系。拿破仑问拉普拉斯[①]上帝在其世界观中的位置。拉普拉斯对世界的看法是毫不逊于理性神学的神学，基于绝对因果决定论之上。在此，我很乐意用拉普拉斯回答拿破仑的话来答复他们："先生，我不需要这一假设。"实际上，我们在论述过程中已经碰到一种情形，即只求助于那些决定在社会中尽可能过得好的人们，这一情形表现出我们刚分析过的所有矛盾特征：通过未来协调。这甚至是一种道德和政治的经济的可能性的条件，我也说过。现在我们得弄明白为什么。这里隐藏着马克斯·韦伯悖论的解决方法：经济理性建立在一种加尔文式的选择（即使新英格兰的加尔文教徒并没有真的做出这个选择）之上，该选择坚决拒绝支配性策略原则，而这一原则是理性选择经济理论的支柱之一。

根据自由选择这一假设，设一个在所有可能领域中无所不

---

[①] 拉普拉斯（Laplace，1749—1827），法国分析学家、概率论学家和物理学家，法国科学院院士。——译注

知的预测者,并将未来视作固定不变——关于这一点要明白:未来一方面反事实地独立于当下的行为,另一方面又与其有因果性的依赖——这两种提议是一样的。实际上,如果我按预测的来行动,那么这个行为不是在因果关系上,而是反事实地决定了预测者的预测结果。如果我做出了别的行动,那之前预测的结果也就不一样了——这一预测结果同时也在因果上决定了我的行为。我做出行动的那一刻,就使之成为必然——其他行动也就不可能发生——但在我做出行动之前就不是这回事了:我会做出别的行动,因为在还没有行动时,在因果关系上决定我行为的因素还未在反事实层面上被决定。这是我一再强调的循环的条件,对此我们已经做了很多的描述,现展示如下:

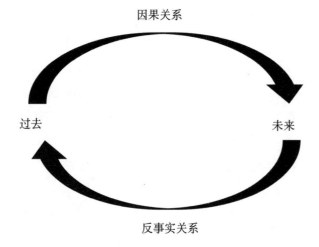

**通过未来进行协调：未来在反事实层面上决定过去，过去在因果关系上决定未来。**

**未来是固定的，但这只在回顾时才成为一种必然。**

我曾将让-保罗·萨特的哲学所定义的"谋划的时间"称作时间的形而上学。现在就来谈谈这一哲学。在萨特看来，或者应该说在他的老师柏格森(Henri Bergson)看来，可能性、偶然性、必要性、不可能性这几种模式的表现方式很奇特。包含它们的命题的真实性不是永恒不变的，而是取决于命题提出的时间。在谋划的时间中，必然性表现为回顾性的。我行动之前，按预想的那么做不是必然的。我一旦做出了行动，便不能做其他动作，这永远都是对的[1]。对于那些不取决于我的事件也是一个道理。它们一旦发生，就被说成它们必然要发生，此话不虚；但在发生之前，说它们必然要发生就不是真的。这种时间的形而上学，不要说是哲学家的无稽之谈。它是那些穷人，尤其是世界上大部分农村人口[2]的时间的形而上学。让我们想一想灾祸吧：不

---

[1] 在柏格森的哲学里，这些是可能的。见《可能与真实》(*Le Possible et le Réel*)，刊载于《作品集》(*Œuvres*)，安德烈·罗宾涅编，1991年，第1340页。

[2] 参见美国人类学家乔治·福斯特(George M. Foster)的研究。

是在它们到来之前,而是在它们到来时,才看起来像是冥冥之中命运已经安排好似的。那些"广大普通民众"本能地处于谋划的时间的形而上学当中,以同样的方式做出加尔文式的选择。

无论怎样,这一形而上学都不能被指控为宿命论,而恰恰相反。诚然那些人看起来向命运屈服了,但这命运是他们自己选择的。马克斯·韦伯笔下的清教徒命途已定,但他们甘愿为得到命中注定的永恒救赎而付出代价。

我们在前面第二部分中考察了自我超越以及通过未来进行协调的概念,其中有些内容我要再重申一下。过去与未来之间循环的条件是严苛的,它只挑选事件和行为的某些片段。这些事件和行为满足一条格言,我们将其表述如下:万一你的行动被几乎无所不知的预测者预测到了,你得让你的行动在因果关系上始终是可能的。许下到期不能兑现的承诺自然而然就被排除在外。关乎承诺和信任的伦理,一方面让集体对未来充满了无限憧憬和信心,另一方面又赋予每一个个体想象力、智慧和力量,旨在让这个未来成为现实。它不是充满缺陷的合理性的辅助成分,而是以理性选择为标志、将支配策略神化的经济理论本身的伦理,它就是经济理性本身。而我之所以正确地阐释了马克斯·韦伯的思想,也是因为一种优越的理性,它坚决拒绝因果假设和支配性策略,捍卫自由并反抗无比强大的决定论。只有这样的经济才有充分理由被称为政治与道德经济①。

---

① 在形而上学逻辑框架内,我拒绝在附录中非常精确地展示这些命题。

# 第三章
# 自欺与加尔文教的选择

美国的理论家喜欢谈论加尔文教式的选择,他们称之为 *self-deception*——我翻译为"自欺"。我在这本书开头的绪论里提过这个词,英语中是 *self-deceit*。一个叫做亚当·斯密的道德哲学家还没有发明政治经济学时,也在其著作里使用了这个核心概念。凭借这一术语自身的悖论,自欺今天成为分析哲学及其相关领域纷纷关注的一大挑战:精神哲学(与认知科学的发展保持着紧密联系)、语言哲学、行为哲学以及道德与政治哲学。然而我要阐述的命题是,我认为心理现象学将会更好地解决马克斯·韦伯的问题:是让-保罗·萨特而不是唐纳德·戴维森①,是不诚实(mauvaise foi)而不是自欺欺人

---

① 唐纳德·戴维森(Donald Davidson, 1917—2003),美国哲学家。——译注

(self-deception)。但只要做得对,永远为时不晚①。

不妨来了解一下唐纳德·戴维森,其生平细节其实也不乏重要性。唐纳德·戴维森是分析行为哲学的主要代表人之一,哲学家,早期曾是理性选择理论专家。这位坚定不移的理性主义者对两种形式的非理性(irrationalité)感兴趣——自欺与意志(arkasia②)薄弱,这二者的可能性让他成为不信教者。意志薄弱者想做好事却行了坏事,自欺者则自我欺骗。然而确切地说,戴维森认为人不可能自欺。因为有一个著名的悖论,连萨特本人也不得不面对的悖论:说谎,意味着自己知道自己在说谎。既然我们作为说谎人知道自己在说谎,那怎么会成为自己说谎的受害者?

戴维森解决悖论的办法是从信念方面进行推理。分析哲学家都对此莫衷一是,有人大加赞扬,有人则指出缺陷。戴维森在论述该问题时,举了一个可能令他很受困扰的例子。一个男人因脱发日益严重而烦恼,他通过各种化妆手段,尤其是心理上的手段来否认这一事实,欺骗自己甚至比欺骗他人更甚。他这样描述这个男人的心理状态③:他既相信自己秃顶

---

① 对比分析哲学与现象学这两大精神哲学最有效的方法之一是比较自欺与不诚实的信仰——戴维森 vs 萨特。我在斯坦福大学任教时多次做过比较。

② 希腊语,自制力的意思。——译注

③ 唐纳德·戴维森,《欺骗与分化》(Deception and Division),刊载于《多样的自我》(The Multiple),乔·埃尔斯特(Jon Elster)编,剑桥大学出版社,1985年,第79—92页。

也相信自己没有秃顶;他要掩盖自己的第一个信念因为他只想"看到"第二个信念;但是,正因为有第一个信念,*wishful thinking*①的心理机制才起作用,并且他才开始有了第二个信念:第一个信念导致了第二个的出现,但明显不是后者的理由,因为二者互相矛盾。

值得注意的是,戴维森不仅拒绝以说谎的方式看待自欺,还拒绝了萨特的办法,即认为脱发男人既相信某件事,同时又不相信它。因为在这位美国哲学家眼中,丧失逻辑的不是实验对象,而是理论家!萨特的支持者反驳说,但戴维森解决办法的价值在于,依靠一个简单的心理经济,使得两件相互矛盾的事在实验对象的脑中并存。这种精神分隔可以避免两种形同水火的观念相遇。但我们谈论的并不涉及弗洛伊德理论,因为被分隔空间的每一部分与无意识没有关系②。

马克斯·韦伯将他研究的清教徒称为"自信满满的圣人"或"自我宣称的圣人",这些话促进了加尔文教的选择的立即

---

① *wishful thinking*:"将欲望变成现实。"
② 参见唐纳德·戴维森,《非理性的两个矛盾》(Two Paradoxes of Irrationality),理查德·沃尔海姆(Richard Wollheim)和詹姆斯·霍普金斯(James Hopkins)编,《关于弗洛伊德的哲学随笔》(*Philosophical Essays on Freud*),剑桥大学出版社,1982年,第289—305页。

应用①。关于这些教徒,我们可以这样描述:

(1) 加尔文教徒相信自己为了成为上帝的选民而筹划过,即通过获取恩宠的征兆的方式;

(2) 加尔文教徒认为自己没有为了成为上帝的选民而筹划过。

(1)和(2)的信念相互矛盾。再假设:

● 加尔文教徒设法隐藏信念(信念1)

● 因为他们愿意相信已经成为上帝的选民(信念2)

如果我们再假设第一个信念导致第二个产生,但明显它不能成为第二个信念的理由,我们就会发现唐纳德·戴维森所描述的是一个纯粹*自欺*的例子。

我们无法否认这是一个对加尔文教的选择令人满意的阐释。阿莫斯·特沃斯基在斯坦福大学做过一系列令人印象深刻的实验。他将实验对象置于同马克斯·韦伯悖论一样的情境中,结果不仅大多数人做出了加尔文教的选择,而且他们为了分析能够对他们有利就否认(对组织实验者,很可能也是对

---

① 阿莫斯·特沃斯基(Amos Tversky)与埃尔德·莎菲尔(Eldar Shafir)合著的文章《在不确定中思考——以非结果性的方式思辨与选择》(Penser dans l'incertain. Raisonner et choisir de façon non Omséquentialiste)也提到了这一点,引自《理性的局限》(*Les Limites de la rationalité*),卷一"理性,伦理与认知",让-皮埃尔·迪皮伊与皮埃尔·李维编著,塞里希研讨会,探索出版社,1997年,第118—150页。

他们自己)故意做出了这个选择。我只想提出另一种解释,它足以显示加尔文教选择的合理性。这一阐释我们已经探讨过了,但最好在此重新简略地叙述一遍,且无需质疑精神分析哲学处理信念的方式。

这种解释赋予加尔文教徒以下两种并非(必然)不相容的信念:

(3) 加尔文教徒相信自己没有为了成为上帝的选民而筹划过,因为他们相信是上帝来选择他们;

(4) 加尔文教徒相信,当他们采取行动时(通过一个严苛的职业劳作来考验自己的信仰)他们有做出相反选择的自由(例如:懈怠,自我放纵,即"宿命论"的选择)。

在第一个解释里,第二种信念是非理性的:加尔文教徒们坚定地认为,他们自己没有为成为上帝的选民而筹划过,因为"在他们内心深处",他们深知自己已经为了获得被选的征兆而努力并且想要隐藏这个事实。在第二个解释里,如果加尔文教徒们认为没有自我宣称为圣人,这只是因为他们对待问题的内容非常严肃,比如已经提交给他们的信息或者他们已经将这些信息内在化了:而这些都是上帝来公布的。因此他们需要面对一个严峻的问题:他们必须同时相信上帝已经为他们做了选择(信念3)以及他们可以自由选择(信念4),而且这两者并非不一致。换句话说,我们首先得相信做一个**相容**

**主义者**是合情合理的,即相信决定论(这里指因果决定论)与自由意志的相容性是合理的,才能严肃看待马克斯·韦伯的问题。

萨特的现象学将带领我们走出尴尬之境。事实上,萨特在其现象学本体论专著《存在与虚无》中论述他所说的"自欺"的方式与对加尔文教的选择的第二种分析阐释产生了共鸣,后者阐明了该选择完美的合理性。但这并不意味着二者之间不存在重大分歧,我们将在下文中说明这一点。

我们已经说过,要使马克斯·韦伯的问题有意义,就要置身于相容主义的框架下。在这一框架下,自由必须与决定论作斗争,而且我们所做的一切就好像我们可以选择自己的命运。然而在萨特看来,自由是绝对的,甚至可以影响到过去的选择。他在《存在与虚无》里写道:"我们想'主宰'过去,就必须借助未来的谋划将过去保留在存在中,既然我们不接受自己的过去;但我们自身必然的偶然性暗示**我们别无他选**。[1]"这句话让善于分析萨特作品的读者斗志全无,即便他们心悦诚服地相信——"因此,在某种意义上,我选择被生下来[2]。"

---

[1] 让-保罗·萨特,《存在与虚无》(*L'Être et le Néant*)(1943),伽里玛出版社,2006年,第554页。

[2] 同上,第614页。

阿兰·雷诺①明确指出,萨特关于这一主题的所有论述都得益于海德格尔对"人类现实"(*Dasein*②)的历史性分析。关于《存在与时间》的作者,雷诺写道:"对于'人类历史','历史性是首要的',这一点建立在它的本质属性是**选择而不是表面上看起来的命运**"③;以及"我们所谓的'命运'就是'人类历史'④的'果断决定'(*Entschlossenheit*)"。而这些在萨特的笔下变成了:"有限性,就是自我选择,即通过自我谋划来宣告自己是谁,这种谋划一旦选择了一种可能性,就排除了其他的可能性。"⑤

令人不安的是,我们如何能够恢复那种总结出加尔文教选择的完美理性的思考方式——通过向未来投射的自我选择(《存在与虚无》中关于自我选择的自由有具体描述),进而甚至当经济听凭自己被投射到它之外的未来所牵拉,即我所说的被未来所协调时,以经济的方式来选择自己的命运。"与亚当吃着苹果相反,他也可能没有吃它。⑥"同样地,一个加尔文教徒做出了加尔文式的选择,但他也可能做出截然相反的选

---

① 阿兰·雷诺(Alain Renaut,1948—),法国当代哲学家,巴黎第四大学哲学系教授。——译注
② 原文为德语,意为"此在"。——译注
③ 阿兰·雷诺,《萨特,最后一位哲学家》(*Sartre, Le Deriner philosophe*),格拉塞出版社,1993年,第49页。
④ 同上,第48页。
⑤ 让-保罗·萨特,《存在与虚无》,第604页。
⑥ 同上,第523页。

择。那么就会有另一个亚当,同样也会有另一个加尔文教徒——如果这样的话,他已经被上帝所抛弃而不是被选。

萨特用亚当与苹果的例子来区别于莱布尼茨。在《神正论》的作者看来,亚当的本质由上帝决定,而非他自己决定:亚当的自由只是海市蜃楼。相反,在萨特看来,其存在先于本质。自由的亚当为他自己做出选择,存在决定本质:"他选择自我投射的终点来告知其所是,所以是未来而非过去宣告其人。①"从其选择的合理性上看,自由的加尔文教徒既是莱布尼茨主义者,又是萨特主义者。其本质决定存在,但是,既然他有选择前者的自由,就有选择后者的自由。他完完全全拥有选择自己命运的能力。但是我重申一遍,此能力不是因果关系上的——否则这将让它变得难以想象,因为因果关系不会与时间之箭反向而行。这是"对过去的**反事实能力**",这个概念构建了整个形而上学结构,它取决于对因果假设的刻意拒绝。

主体如果知道自己是自由的,他就会这样想。如果我们做出这个选择而不是相反的选择,那么这个行为将是我在某一世界的标记,带着它的过去、未来(déterminisme)以及这个世界预留给我的本质。如果因为我处于另一个世界,我采取

---

① 让-保罗·萨特,《存在与虚无》,第524页。

了另一种行动,那么我的本质也将是另一种形状。并不是我的行为因果地决定了我的世界:行为只是揭示它。但是,既然我是自由且理性的,我的选择就应当满足一个**极值**(*extremum*)原则:最大化我的价值、快乐和幸福——但此处这并不重要,因为我们可以毫不费劲地承认,加尔文教徒更希望得到永恒救赎而不是被抛弃,即便用一生的劳苦来换取这份救赎。因此我选择得到救赎的征兆——但并不能就此认为我通过劳作换取征兆来获得救赎。

加尔文教选择所依赖的相容主义产生的这种时间性,我称之为"谋划的时间",正是一个执行自己拟定的计划的主体的时间性,他既是作者也是演员。在他行动之前一切都已经"写好了",而既然他是自由的,他可以来到写好的剧本面前,对它运用我们所说的反事实能力。谋划的时间的双重性或自我超越性将其变成伦理时间,也就是说,主体旨在摆脱其个体性的活动为的是向一种普遍性自我投射。

这种自我超越性在萨特的论著中也可以寻到踪迹。但要想一探究竟,得回到其意识理论中去。该理论与支持它的精神分析哲学和认知科学相悖。萨特秉承埃德蒙德·胡塞尔(Edmund Husserl)的现象学传统,将意识变成一个不断消逝的过程,而不是一个状态,它永远逃避其自身,从不跟自我同时出现,并从内部产生一种自我超越,一种相对自我而言的外在性,即胡塞尔所谓的内在的超验性。萨特在其著作的开头提出这样一个问题:"如果人注定会自欺,那么,人在其存在中的本质究竟是什么?"① 然后他回答:"自欺成为可能的条件是此在……是它所不是且不是它之所是。"② 并且他还说:"若要自欺成为可能,那真诚本身就是自欺③",这意味着,归根结底,自欺和意识本身有着相同的自我超越性以及内在超验性的结构。萨特认为,这也就是为什么,揭示意识结构最简便的方法就是通过超验的方式得出自欺成为可能的条件。这也是为什么对自欺的分析完全与他人的意识断绝了联系,这对它来说很糟糕。萨特的唯我论并不亚于精神分析哲学的唯我论。自欺与意识如此相得益彰,以至于我们自问:打破这一匹配状态进入到"真实性"而非诚实中是否可能。

萨特关于信念的理论是其意识理论的一个分支。在题为"自欺的'信念'"这一章节的第三部分里,有一些非常出色的表述,但对于一个实证主义者来说,这些近乎无意义:

> 信念在其自身的存在中是一种被质疑的存在,它

---

① 让-保罗·萨特,《存在与虚无》,第90—91页。
② 同上,第104页。
③ 同上。

只能在其毁灭中被实现,在自我否定中展现自我;对于它来说,存在即显露,显露即自我否定。相信,即不相信。①

另外:

相信,即知道自己相信;知道自己相信,即不再相信。因此,相信便是不再相信,因为不仅仅是相信……②

"信念成了无信念③"让萨特得以证明自欺的人既相信又不相信令其尴尬的情形,比如开始出现的秃顶——戴维森却认为这是一种荒诞。

可以说萨特的功劳在于将胡塞尔的意识理论转变成了一种自由哲学。这里面有同样的自我超越结构,另外,它与加尔文教选择相近的逻辑恰好有助于我们理解它。阿兰·雷诺认为,萨特的自由概念处于一种张力中,这种张力也存在于斯宾诺莎的接受先定必然性模式与康德的绝对自律④模式之间,

---

① 让-保罗·萨特,《存在与虚无》,第106页。
② 同上。
③ 同上。
④ 阿兰·雷诺,《萨特,最后一位哲学家》,前揭,第180页。

某种意义上说,加尔文教的选择再现了这种张力:接受命运与命运的自我生产同时并存。萨特指出,自欺是一种信念,即相信,确切地说,就是将其与谎言区分开来的东西。他问:"我们如何能相信那些为了说服自己故意编造出来的谎言?"①——这一修辞式问句似乎很适合加尔文教的选择——结论是:"自欺的谋划应当就是自欺本身。"面对这些我用来说服自己的"条款"——我们一定会想到加尔文教徒**为**相信而完成的**行为**——他进一步指出:"向我表明它们是自欺的,是犬儒主义;真诚地相信它们是无辜的,这是诚实。"②萨特在寻找一个不太可能存在的中间地带,而在那里,人们既不认为加尔文教的选择与被选完全没有关系,也不认为它应完全对被选负责。加尔文教完美地展示了其逻辑性,也正是这一选择创造孕育了经济理性。

"信念是决定……必须决定并且想要如此。"③而且,关于这两者的姻亲关系,我们称作选择性的:"我觉得我的朋友皮埃尔对我很友好……我信了,这就是说我决定要相信并且坚持这个决定,最后我表现得就像我对此早已确信无疑……"④我们确实

---

① 让-保罗·萨特,《存在与虚无》,前揭,第104页。
② 同上。
③ 同上,第105页。
④ 同上。

无法更好地定义加尔文教的信条。萨特几乎借用"启示"、"征兆"、"症候"这几个英文词来表达他的意思,但并不能完全接近那种分析,在这之后才使用"证据"这个词。萨特借用矛盾修饰法写道,自欺使用的这类"证据"是"没有说服力的证据"[1]。在这些让理性选择理论家劳心费神的讨论中,正如我说的,其立场是捍卫加尔文教选择的合理性,而这一合理性之所以被称为**"证据主义的"**(*evidentialist*),是因为这一选择在于以巨大的代价来换取被选的征兆。

然而这一对比无法继续深入下去了,因为在理性选择理论内部所持的这一异端立场只有在决定论的斡旋下才达到这些特殊的结构。加尔文教徒的确将决定论变成了自己的决定论,但它对于加尔文教仍然是一个彻头彻尾的他者。萨特想要坚持他最开始分析时提出的假设:"自欺并非来自此在之外。"[2]这一假设难道不是宣判他理论上的无能吗?如果没有他人提供否定却积极的协助,我们还能自欺吗?我在这本书的开头提到,亚当·斯密将经济比作一个偌大的剧院,社会在那里跟自己讲着关于它自己的故事。萨特虽然是理论家,但在经济现实方面未必有足够敏锐的目光?亚当·斯密,这位

---

[1] 让-保罗·萨特,《存在与虚无》,前揭,第105页。
[2] 同上,第84页。

苏格兰清教徒,尽管德行平庸,也许比那位巴黎的存在主义奠基人更懂人的灵魂?看来我们十分有必要修改一下我们的价值体系了。

## 第四章
## 个人主义,这个谎言

对于马克斯·韦伯意义上的经济理性来说,拒绝因果假设是一个必要但并非充分的条件。经济依靠政治的超越性,经济理性使其跳出经济本身而成为一种道德与政治经济。自我超越结构能有助于这一起飞,但并不保证一定成功。这期间,我们不止一次遇到以不同形式出现的灾难性自我超越,比如:恐慌或者凯恩斯所说的通货紧缩。

某些研究自欺的理论家认为,对自欺最好的定义就是,我们对自己编织的故事。我支持他们的说法。一切自欺都有虚构的成分。文学是自欺的首选之地,它要么展现自欺,要么它本身就是谎言,要么二者兼而有之。唉,就像安德烈·纪德所说的20世纪最著名、影响力最大的小说之一——阿尔贝·加缪的《局外人》,它可以作为我的结论。

我们知道,这部小说对一代又一代的人,包括今天的年轻人都有很大影响。所有诚实的《局外人》的读者都应当承认,第一次读这本书时,感受到了一种近乎令人不舒服的怪诞。萨特在其出色的书评中试图分析作者使用的能够引发读者这种情感的文学与哲学方法。① 其主人公的意识在我们看来是透明的,但这种透明并不完全:事情"显露出来",但意义并没有。一切都毫不隐晦,但我们什么都没弄明白。关于加缪,萨特这样写道:"就像所有艺术家一样,他在说谎,因为他声称要重建最本真的经验,却暗地里过滤掉所有有意义的关联,尽管它们同样也属于经验。"②需要注意的是,萨特希望借此给予英美的经验主义和分析哲学致命一击,他们将加缪的这一技巧上升到了哲学的层面:"荒诞的人类世界是新现实主义者分析的世界。"③

据我所知,除了勒内·热拉尔(René Gérard)以外,没有人能说清楚,也没有人有勇气用纯粹的人类的措辞去说,"局外人"默尔索及其作者的谎言是由什么构成的。但勒内·热拉尔在其文章里说清了。这篇文章很大程度上构建起他在文学

---

① 让-保罗·萨特,《关于〈局外人〉的解释》(Expliation de L'Étranger),《境况种种 I》(Situations I),伽里玛出版社,1947 年,第 92—112 页。
② 同上,第 108 页。
③ 同上。

批评界的声誉。①

我们先来回忆一下,默尔索是个平凡的人物,没有什么惹人注意的。早晨的牛奶咖啡,在百叶窗后看着街上人来人往的周日漫长午后,以及似乎无关紧要的无聊恋情,这就是他仅有的乐趣。在小说里,默尔索莫名其妙地杀死了一个阿拉伯人。他最后被判了死刑。加缪与其众多评论家都反复谈过:法官们并非因为这一谋杀而将这位反英雄送上断头台;而是因为他的怪诞,冷漠,脱离社会,在自己母亲的葬礼上没有哭泣。那么在小说中是什么导致这一犯罪的呢?评论家们的回答是:偶然,命运,意外,失误。但是热拉尔用无情的嘲讽反驳道,这部小说"并不想证明所有不在自己母亲葬礼上落泪的人都会被判死刑,整部小说想要证明的是,假如他还犯了过失杀人罪,才会被判死刑——这是一个重要的限定"②。默尔索的谋杀带有德里达所谓的"增补"(supplément)的一切属性:谋杀是无用的,因为对默尔索背负的命运没有丝毫影响;但同时

---

① 勒内·热拉尔,《再审加缪的〈局外人〉》(Camus's Stranger Retried),PMLA,第79期(1964年12月),第519—533页;再次收录在《文学、模仿与人类学论文集》(*To Double Business Bound Essays on Literature, Mimesis, and Anthropology*),约翰·霍普金斯大学出版社,1978年,第9—35页;法语的标题是《对〈局外人〉的再审判》(Pour un nouveau procès de *L'Étranger*),载于《地下批评》(*Critiques dans un souterrain*),LGF,1983年,第137—175页。

② 同上,第145页。

它又不可或缺,因为如果没有谋杀,他的命运就没法收尾。

加缪的小说在结构上有缺陷,这既不是偶然也不是失误,理解这一点,就足以解构上文自相矛盾的逻辑。这个缺陷有其逻辑,即谎言的逻辑——对自己说谎,接下来会明确这一点。加缪将自己变成**赌气者**说谎策略的共谋。

这个赌气者遭受社会的漠视,他无法承受隐没于人群中的孤独。但他让自己相信他希望独处,但社会嫉妒他的"差异性",迫害他直至要杀死他。为了使这一颠倒事实的表达可能具有稳定性,还需要社会赞同这一说法。赌气者渴望独处与远离社会,条件是其他人得知道。所以他必须传达他的交流障碍。这一奇怪的悖论只能在无法理解的行为中得到解决。默尔索带着一种极端的冷漠朝阿拉伯人开枪,漫不经心地,就像孩子粗心大意地点燃了窗帘。这个行为理论上没什么大不了的,因为这并没有影响他在世上的处境。强加在他身上的惩罚实际上是他的边缘化与差异性造成的,而不是那个行为。这就是为什么他认了罪,但又好像没认罪。他需要负责的只是一次巧合,一次命运的显现罢了。然而,正是这一**不做为**(*non-acte*),让他的表达变成现实。通过这一行为,主体才成为了纯粹的自在存在,成为了芸芸众生中的物。默尔索的手指按在扳机上,与之相同的还有,一个年轻女子受同事引诱把自己的手交到对方温暖有力的双手中,萨特在其关于自欺的一章里有过暗示性的描写:"这个年轻女子把手交了出去,但她**没有意识到这一交付**。"①

我刚刚总结了勒内·热拉尔的文章,分析完加尔文教选择后再思考他的文章,两者的对比就显得很清晰了。默尔索就像加尔文教徒一样,自产其命运。但是,他们之间存在两个本质的区别。

第一,这里不再涉及自选,而是自我排斥。默尔索**选择**杀死阿拉伯人并以绞刑告终,与加尔文教徒的选择正好相反,后者决定获取被选的征兆。在这两种情况中,存在一种自我圣化。但神圣事物具有两面性,一面明,一面暗。默尔索的命运展现的是第二面。萨特完全感受到了,他针对加缪的人物写道:

> 他的荒诞在我们看来总是被允许而非被征服:他就是这样,没了。在书的结尾他恍然大悟,但始终活在加缪的标准之下。如果存在一种荒诞的恩宠,那应该说他得到了恩宠。②

---

① 让-保罗·萨特,《存在与虚无》,第91页。
② 让-保罗·萨特,《关于〈局外人〉的解释》,第101页。

然而,萨特想得还不够深。我们可以把他所说的作为一种能指来诠释——加缪之于默尔索等同于上帝之于加尔文教徒。当萨特提到默尔索在小说结尾的"觉悟",他与真相近在咫尺。在小说的结尾,永恒的局外人第一次显出人的感情,他怀着欣快之情幻想着,当他登上断头台时,仇怨的人群向他愤怒地咆哮。此处,他人就是上帝——这是与加尔文教徒选择的第二个差异。默尔索需要他人的存在来让他人明白他不需要他们。这一形象尽管充满了矛盾,却是现代个人主义老生常谈的话题之一。作家想要他人阅读自己的作品,为了让人知道他对其同类无话可说,知识分子借助"媒体"为的是公开讲述他想到的媒体之恶,阿尔切斯特(Alceste①)已经无法离开舞台,因为他一心想要塞利梅娜(Célimène)的贵族男友们知道他完全不在乎他们陪伴她左右。

阿兰·雷诺曾出色地捍卫了"存在主义即个人主义"②这一说法。的确,我们可以将默尔索的自我排斥与洛根丁自宣的孤独——"我孑然一身"——联系在一起,或者与陀思妥耶夫斯基的地下室人——"我孤身一人,他们却是所有人"——

---

① 阿尔切斯特是莫里哀戏剧《厌世者》中的男主人公,他一方面厌恶人类的胆小怯懦,另一方面又爱恋着塞利梅娜,直到最后才认清她轻浮、恶毒的真面目。——译注

② 阿兰·雷诺,《萨特,最后一位哲学家》,第203页。

联系在一起。然而,紧接着得加上一句:个人主义是个谎言。当然,这不是普通的谎言,这是一个需要集体参与的自我谎言。个人主义的计划是自欺的计划,但这不是萨特所指的自欺,后者本质上被禁锢于个人意识当中。我们所说的自欺,影响现代个体的自欺,它本身只能在同在(mit-sein)①中构建与实现——与他人奇怪的消极的合作。

在这个被经济支配的社会中,存在众多默尔索这样的人。诚然,其中的大多数并没有走上谋杀之路,但他们都成为了彼此的**局外人**。为了抵达他们认为的美好生活,每一个人都力图在熙攘的人群中开辟出一条道路,并不断地向他人宣布,如果消灭他人是不可能的,那就一定要忽略他们。而他人——这一"地狱"就是这条路上的阻碍。但为了他们能听到这一宣告,每个人都需要他人的存在。我们总是能够向他人宣布他们并不在场,拜"信息和通信技术"所赐,我们毫不费力地解决了这一日常生活中匪夷所思的悖论。

尤其是,我们所有人都是纽科姆缔造的孩子。大多数人从未听说过这一悖论,但这不妨碍他们总是遇到它。要想出现纽科姆的问题,我们必须极其重视一种我们无法直接明了

---

① 海德格尔的用词,指人类境况中无法消除的维度:共在。萨特引用过这一概念,但并无进一步的论述,自欺的唯我概念坑了他,只有戴维森的唯我主义的**自我欺骗**与之观点接近。

的身份境况(属于被选中者的阵营,不让黑盒子是空的,等等)。我们只能得到这一身份境况的征兆,尤其是他人目光传递的那些,如同希腊人只能通过他人的瞳孔了解代蒙(daimon)①一样。为了能得到这些对我们有利的征兆,我们甚至随时准备付出巨大的代价也在所不惜。想要举个例子吗?有多少人会为了得到同行的一个好评而不惜代价?这完全是非理性的,不是吗?如果我们已经知道自己没有获准的资格,就算批准了又有什么用?而如果我们知道自己够资格,别人不认可又有什么关系。"一个人要是收买了法庭上的所有法官,即使判决全票通过也无力确保他的权利。如果他提起诉讼只是为了确保这一权利,那么,他无论如何都不需要收买这些法官。"这看似很有道理的观点出自亚当·斯密的笔下。他正是明白了他的惊讶来自于一种巨大的天真才成为一名经济学家,并写下了著名的《国富论》。他懂得人们为什么会收买赞颂他们的公众,因为当作为"最高法庭"的意识沉默或犹豫不决时,只有大众能为他们提供优秀与值得赞颂的标准。②

---

① 希腊神话中的恶魔,直视它的人会变成瞎子。——译注
② 关于这一点,斯密对比了诗人和数学家的职业。诗人特别容易因公众的负面言论而受伤,因此善于策划一个个计谋来博取大众的欢心。而数学家则对自己信心满满,通常不在意公众接受与否。有趣的是,在我们这个时代,数学家的运气并不比诗人更好!

《道德情操论》①中有一个故事,讲述内在的人(the man within,"客观公正的观众")以及为欲望和情感所困的观众本人(the man without)之间的斗争。这是彻底摆脱了社会根源的自我意识理想与反复无常的公共舆论现实之间的斗争。斯密花了一个章节的篇幅来讨论对他人认可的渴望以及这一渴望与自我认可的渴望之间的关系,非常精彩,值得一读。他想阐明的是,尽管自我认可植根于他人的认可中,但自我认可还是获得了一定的自主性,一种相对的独立性。意识凭借自我超越性,跳出了普通看客的评判,但终究是徒劳无益的。最终还是经济财富涌现出来成为所有的欲望汇聚的焦点,它将他人的目光吸引到我们身上,相对于它,他人与我们处于完完全全相同的处境,因为它是我们所有人都渴望拥有的高品质生活的标志,而我们永远无法确定自己是否真的拥有。把财富当成目标,通过拥有它来确保真的实现了目标,这种行为跟加尔文教的选择有着相同的形而上学构造。众人变化无常的评判取代了上帝不可改变的决定。

我们的讨论经历了从一个高贵的形象到一个卑微的形象的过程,二者有着相同的悖论结构,就像经济具有积极与消极两个不同的面,足以证明其基本的双重性。一方面是自由对

---

① 亚当·斯密的一部伦理学著作。——译注

决定论的胜利,这是整个人类通过走向未来(虽然只是幻想中的未来)来掌握命运的能力,也成了其不断向前的动力[①];另一方面,人们虚假地将自我封闭在消费与私人领域,与他人之间的关系仅限于为了停止交流而传递信息符号。而关于信仰,一方面,这是一种世俗的信仰,我们普遍却又隐晦地将其称为"对未来的信心";另一方面,是自欺的信仰。萨特认为自欺与意识具有相同的结构,即内在的超越性。除了经济,自我超越结构也是集体存在和成为一体这两种形式的共同特点:走向未来的能力和互为局外人的谎言。我们已经从一种形式进入到另一种形式。什么也无法阻止道路可逆的希望。

---

[①] 安德烈·奥尔良(André Orléan)提出要从根本上革新经济价值的概念。古典主义传统使财产价值与存在所需的工作量挂钩,新古典主义传统使价值与使用情况挂钩,两种传统都将价值变成一种"客观的"数值,在此其决定因素存在于过去或未来中。安德烈·奥尔良提出的重建实际上与**未来的轨迹**,即一条投射于当下的未来之路相反。他写道:"在我们这样一个不确定的世界里,未来有几种不同的可能性,所有付出的代价也各不相同。从这个道理上说,对代价的估算也不可能是中立的。这种估算从来都不是一条衡量标准,只是代表某一方利益的观点的表达。社会通过这一行为来决定探索某些道路或者放弃其他的道路。"参见《价值帝国:重建经济》,前揭。

# 结　论
# 摆脱宿命论

也许我们注意得还不够:马克斯·韦伯问题中的宿命论者,他们在经济学家所说的合理性戒律的引导下,遵循支配性策略原则这一基本原则行使其选择的自由。这种自由引导他们按照一定的方式行动,而在他们看来,这一方式表明他们注定要下地狱,而且什么也改变不了。这种自由也属于纽科姆问题中选择了两个盒子的人,然后就如同他们预料中的一样,他们发现那个黑盒子是空的。这是一种奇怪的自由,也是一种奇怪的宿命论:之所以是奇怪的自由,因为它主动选择*宿命论*。之所以是奇怪的宿命论,因为它属于一种*刻意而为的选择*。

宿命论在一种个人主义文化与理性主导的社会里声名狼藉。认为未来没有任何科学可言,因为未来不是知识的对象,而是我们意志的产物,这样的一个社会只会产生宿命论。因为它想要的反宿命论恰恰就是马克斯·韦伯意义上的宿命论!这才是问题的实质。这也是那些认为自己可以自由选择并以理性的名义选择失败策略的人的宿命论。阐明这一终结悖论并非难事。自由意志正如一个经济神秘化了的社会所设想的那样,产生于一种超级市场的形而上学。——我开始就说过。无论何时都有不计其数的可选项以及数不胜数的道路供我们选择。而我们会选一个最好的。这一平庸的反宿命论跌入了支配性策略设下的圈套中,在那里相互信任是非理性的,唯有"伦理"这一**制胜法宝**才有可能实现它。互利互惠的契约行不通。普遍的猜疑不仅封闭了当下的视野,也阻碍了经济的自我超越。这种自我封闭滋生了惶恐不安和其他群体的失控现象,核威慑不仅没有能力阻止他人入侵,反倒让普通公民的和平岌岌可危。[1] 对于那些遵循经济理论中合理性准则的人来说,纽科姆的黑盒子注定空空如也。

在本书第三部分,我讨论了已被宣告的灾难发生之前,我们所剩下的一段时间,关于这个问题,我一开始就建立了我称为"谋划的时间"的形而上学。显然我倒了大霉。我曾捍卫过谋划的时间的哲学与理性的"悲观主义"这两者的结合,这一

---

[1] 很难解释这一点,参见后文的附录《时间,悖论》。

结合影响了前者并赋予它宿命论的面孔。这真是大错特错，"理性的悲观主义"是乐观主义，是一种建立在理性之上的乐观主义。

不妨简要回顾一下引起我此番思考的问题。不论哪种重大灾难，道德的、自然的、工业的，还是技术的，它们带来的最大挑战，都是其潜在的受害者无法相信灾难迫在眉睫，尽管他们掌握的所有信息都表明灾难十有八九甚至百分之百会发生。我们不作为的原因并不是因为缺乏认知，而是认知并没有转换成信念。我们必须跳出这一樊笼。理性的悲观主义的做法是权当灾难的到来是命运使然，而我们可以拒绝这一命运。拒绝一种命运要比规避一个糟糕的结局难得多。如果灾难以命运的面目出现，那它就可信多了。而这种可信性一旦确定无疑，就会产生源源不断的动力，去调动想象力、智慧以及决断力等所有防止灾难发生必需的东西。所以，这个方法无论如何不是一种宿命论。对命运进行形而上的想象是一种迂回的办法，它与莱布尼茨的名言不谋而合："后退是为了跳得更远。"我们最初远离一种平庸而"软弱"的自由，为的是获得一种真正自由，一种足以对抗必然性的自由。

预言家宣称灾祸被记录在未来，目的是不让灾祸现在发生。这是个双重悖论。我们可以选择命运，而这一选择是拒绝。① 这个幸福的预言家,他的任务很简单。他宣布一个讨喜而可靠的命运以便使这种命运变成现实。我们可以选择命运,但是只能选择接受。我们与斯宾诺莎相距不远,因为对他而言,自由就是接受必然性。在谋划的时间的结构中,当我们被我们自己所谋划的未来指引着,这一双重矛盾便出现了。用卢梭的话来说:我们遵守自己制定的律法,因而我们是自由的。这一自由,是与政治的自我超越性相吻合的自由。

回到我们的出发点,最好是巩固一下概念上的东西。这需要重建政治的预言性维度,为此要跳出经济神秘化,这一让其成为经济奴才的怪圈。而在我写下这些文字的这一刻,人们采取的恰恰是相反的行为。在我们所谓"市场"这一实体的睥睨下,最高专家委员会取代了欧洲政治,物的"管理"取代了人类的政府,经济合理性取代了政治理性。

一位部长说,"世界正处在与金融市场的战争中"。说实在的,没有比这更虚假、更荒谬的了。一个美国漫画《负鼠波戈》(*Pogo l'opossum*)中的著名人物说:"我们遇到了敌人,而敌人正是我们自己。"波戈说的比那个部长说的正确一千倍。我们的社会完全受经济支配,它自身导致的种种灾难正令其深

---

① 我在《关于一种理性的灾难论》和《海啸的形而上学》两本著作中深入探讨过这一双重矛盾,供读者参考。

受其害。完全被经济神秘化糊弄的政治人物至少应当保留经济思想的精髓,它使经济成为一种复杂的、具有自我组织能力的理论体系,而这远远早于20世纪下半叶该类型理论成为生命和自然科学领域的硬通货。这是因为这种理论体系能够产生所谓"经济高速增长"的局面,该局面呈现出有意为之的虚假表象,这都是没有主体的过程。值得注意的是,无论是鼓吹自由主义经济的支持者,或者诺贝尔奖得主弗里德里希·哈耶克还是结构主义马克思主义的创始人路易·阿尔都塞,都曾使用过"没有主体的过程"这一表述。假如我想要描绘"市场"的肖像,我会选择画一头巨大的野兽,它愚蠢,迟钝,战战兢兢。就像布洛布(Blob)——美国漫画中的另一著名人物,极其危险,总是埋伏在一旁伺机吞掉个体和民众,对他们却没有一丝一毫的恶意企图。

我们不会对一个非主体(non-sujet)宣战,也不会通过"调节"来击败其幻影:我们会追溯其病原来治疗它。"噢,强迫症,从此你在我身上发作的时间,不能超过我醒来时间的17%。"这种看似强悍的说辞,以及试图通过比率来控制的唯意志论只是政治彻底软弱无力的遮羞布而已。显而易见的是,宿命论并不在我们以为的地方。

2011年11月,巴黎

# 附　录
# 时间,悖论

如有必要,我们会说:先见不是事件的起因——因为,假如上帝预先知道某人将去犯罪,他不会和会犯罪的人有来往——相反,未来事件是关于它的先见的起因,这一说法尽管真实却有些自相矛盾。所以,不是因为已经知道事情才发生,而是因为事情必然会发生才被人知道。

——凯撒里亚的尤西比乌斯①,
《为福音做准备》(公元 2 世纪)

假如我们能够深入到一个人的思维方式中,正如他的内在

---

① 凯撒里亚的尤西比乌斯(Eusèbe de Césarée, 260?—339?),巴勒斯坦地区教会监督或主教。由于对早期基督教历史、教义、护教等作出的贡献,他被一部分后人认为是基督教历史之父。——译注

和外在行为所显现的那样,洞察他的每一个行事动机,了解一切影响他的外部情况,那么我们就能精确计算出他未来的行为,就像确定日食或月食一样,并且继续宣称此人是自由的。

——康德,《实践理性批判》

我们将在此读到一些关于**纽科姆悖论**的变奏。它表面上似乎微不足道,实际上却是一个哲学大爆炸,冲击波持续动摇了诸多领域,例如理性神学、策略思想、社会与政治哲学、伦理学、经济理论、博弈论以及理性选择哲学。

纽科姆悖论诞生于量子物理学的理论背景下,它展现了一个自由代理人在决定论世界里的行为。它用其他领域鲜有触及的方式挑战我们对于预言、自由与决定论的直觉。尤其是,它把我们带入到关于时间最棘手的难题,使我们陷入到这些思考的深渊之中。我打算简要说明一下我与该悖论的论战思路。我要从理性选择的哲学说起,因为正是在对它的研究过程中我遇到了纽科姆悖论。

# 1 逻辑与社会

莱昂纳德·萨维奇[①]是决策理论的奠基人之一,他已经

---

[①] 莱昂纳德·萨维奇(Leonard Savage, 1917—1971),美国数学家。——译注

将支配策略原则列入公理之列。该公理的核心,所谓的"确定性原则"(以下称之为 PCC;英语是 *sure thing principle*),借助偏好术语表述如下:假如在世界的状况属于一个子集 E 的情况下,一个人相对于选项 q 更倾向于选择 p,并在 E 的补集中也是一样,那么,即使他不知道世界的状况是否属于 E 或者 E 的补集,他都会更倾向于选 p,而不是 q。

令人郁闷的是,这一逻辑正是导致现代社会出现各种恶的罪魁祸首。我们这里所指的恶尤其是,人们很难相互信任,以及完全无法通过建设性的方式来解决他们之间的冲突。然而,他们最终通过逃离该逻辑的桎梏才构建了社会,那是不是意味着社会关系是非理性的?

## 纽科姆的悖论

这里有两个盒子,一个是透明的,里面有一千欧元,另一个不透明,里面可能有一百万欧元,也可能什么也没有。代理人要么选 A:只打开不透明的盒子,要么选 B:打开两个盒子。当代理人进行选择的时候,预测者已经把一百万放进不透明盒子里了,但这只是而且仅仅是预测者预测到代理人选 A 时才会这样做。代理人也知道这一点,并且非常信任预测者的预测能力。他该怎么做?

那些认为代理人会选 A 的人,他们头脑里自发萌生出的第一种推理是这样的：选 A，因为预测者已经预测到了，而代理人将会得到一百万。要是他选择 B，就只有一千欧元。悖论的是，第二种推论也很坚决，却得出了相反的结论。当代理人做决定时，不透明盒子里可能有也可能没有一百万：打开两个盒子的话，显然无论哪种情况，他至多得到一千欧元。因此 B 是他的支配性策略。

四分之三的"普通"实验者都违反了 PCC 而选了 A，他们每个人都得到了一百万欧元。几乎所有哲学家选了支配性策略 B，这没什么大惊小怪的。他们每个人都得到了一千欧元以及坚持理性作为奖励。

## 2 做一个相容主义者？还是不？

每一个为纽科姆悖论花费数小时，数个月，甚至数年时间绞尽脑汁的人，通常都会在一段时间后说服自己找到了答案。我也不例外，不同的是，我的解决方式是正确的！——至少我认为是这样，每件事情的主角都是同样的情况。我把这个解决方法部分地归功于美国加尔文派神学家和哲学家阿尔文·普兰丁格[①]的研究成果。后者在纽科姆悖论中接受

---

[①] 阿尔文·普兰丁格（Alvin Plantinga, 1932—），美国分析哲学家。——译注

了一个了不起的挑战,旨在捍卫**相容主义**的传统。该传统就是支持一个全知上帝和一个拥有自由意志的代理人并不矛盾这一观点的全部学说,这也意味着代理人可以做出与宿命不同的行为。

## 奥卡姆(Guillaume d'Occam)[①]的解答

假如上帝扮演了纽科姆悖论中预测者的角色,他的先见是其本质属性,也就是说在所有可能世界中都是如此。根据下文非相容主义的论断,一个本质上有先见之明的上帝似乎禁止自由意志的存在。

假如上帝存在于时间 $t_1$ 中,并且他在 $t_1$ 时间预见到代理人 S 在 $t_2$ 时刻做着某事 X,那上帝的本质性预言通过以下两个事件的联系来表达。

(1)"上帝存在于时间 $t_1$ 中,并且他在 $t_1$ 时刻预见到代理人 S 在时刻 $t_2$ 做着某事 X"严格蕴涵"代理人 S 在 $t_2$ 时刻做某事 X",此处严格蕴涵是所有可能世界中的实质蕴涵[②]。

此外,在这两个前提下,我们得出:

(2) S 在 $t_2$ 时刻什么也不能做,如果他做了什么,上帝

---

[①] 奥卡姆的威廉(Guillaume d'Occam, 1285?—1349?),英国逻辑学家、圣方济各会修士。——译注
[②] 当且仅当 p 是假的或 q 是真的时,p 实质蕴含 q。

就没有在t1时刻预测到S在t2时刻做某事X,据过去不变原则:过去反事实地独立于现在的行为。

我们从命题(1)和命题(2)中推导出:

(3) 假如一个代理人行动时,有一个在本质上有先见之明的预测者在他做出行动之前就预测到了他的行为,那么代理人只能按照预测者预测的行事。

换句话说,自由意志与本质的先见之明是不相容的。

英国圣方济会修士奥卡姆在14世纪想出了一条古典主义式的出路,能够抵制对相容主义的威胁。它否认过去不变原则可以应用于那些不是严格属于过去之列的事件。上帝在过去时间中的预言并不符合这个标准,只因为它严格蕴含严格归于未来事件的真实性,正如"这个自由代理人将做的"(偶然的未来)。既然命题(2)不能成立,则结论(3)也不再有效。

## 纽科姆悖论的挑战以及阿尔文·普兰丁格的解答

假如上帝不满足于预测未来,而要通过他的预言来干预人世间,例如,他预测一个自由代理人的选择,并根据预测结果来决定要不要把一百万欧元放进那个盒子——那么,奥卡姆的解决方法就失去意义了。当阿尔文·普兰丁格也面临纽科姆悖论时,他的高明之处就在于他很快就明白了这一点①。也许上帝在过去所做的预言并不严格属于过去,但他的行为一定属于过去。

普兰丁格设想的出路在于他注意到上帝*在所有可能世界里具有先见之明*,命题(2)就不对。在 t2 时刻,S 做某事 X,上帝在 t1 时刻预测到了这些,好吧;但假如代理人具有自由意志,那么以下与命题(2)相反的反事实论断就是对的:

(4) 假如代理人 S 在 t2 时刻做了与 X 不同的事,暂且称为某事 Y 吧。既然上帝预测到 S 会做某事 Y,他就不会在 t1 时刻预测到 S 会在 t2 时刻做某事 X。

换句话说,过去不变原则没有生效的原因并不是上帝在过去所做的只是在表面上与过去相关(我们也许可以说是*他的预言*,但肯定不是*他的行为*),而是因为自由意志面对一个本质上先见之明的预测者,意味着代理人具有*对过去的反事实能力*。

在纽科姆问题中,一个预测者在所有可能世界中都具有预见性,对这一能力表述如下:

(5) 代理人选 A,只打开不透明盒子然后就会发现一百万欧元;假如他选了两个盒子,就会发现不透明盒子是空的,

---

① 见《奥卡姆的出路》(On Ockham's Way Out),《信仰与哲学》(*Faith and philosophy*),n° 3,1986,第 235—269 页。

而只能接受另一个盒子里的一千欧元。

理性选择哲学家紧紧抓住 PCC 的鲜明特征,反对那些选择不透明盒子的人的本能推理,他们赋予过去一个不可思议的因果能力。普兰丁格的推论表明,既然一个反事实能力足以为选择 A 说明理由,并且这一能力是相容主义的逻辑结果,那就根本不需要假设这样一种能力①。

## 3 谋划的时间

### 逆向思维悖论的挑战

经过对阿尔文·普兰丁格的梳理,我必须得承认他的解决方案并没有比他的前辈们更胜一筹。另一个理性选择理论的悖论把我引向这个结论:逆向思维悖论(以下简称为 PRR;英语的说法:*backward induction paradox*)。某些情况下,代理人对过去的反事实能力在因果上阻止他以某种方式行

---

① 见让-皮埃尔·迪皮伊《两种时间,两种理性:纽科姆悖论新解》,载于《经济学与认知科学》(*Economics and Cognitive Science*),保罗·布尔吉纳与贝尔纳·瓦利兹主编,牛津和纽约,佩加蒙出版社,1992 年,第 191—220 页;让-皮埃尔·迪皮伊,《反事实后果》(*Counterfactual Consequences*),"理性与变化"研讨会的会议发言,剑桥,2006 年 9 月 6 日—2006 年 9 月 8 日。

事。拯救相容主义需要付出的形而上学代价比普兰丁格想象的要多很多①。

这便是"保证型博弈"(英语的说法:assurance game),霍布斯、休谟以及康德都以非形式化的方式对它展开了出色的论述。

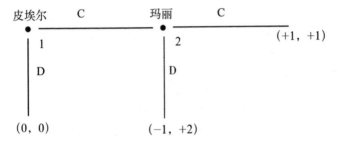

时间:1和2
C:合作;D:背叛

皮埃尔与玛丽之间互利共赢的交易在原则上是可能的。这将他们从当前情况带入到另一种状况中。当前状态

---

① 见让-皮埃尔·迪皮伊,《时间与理性:逆向思维的悖论》(Temps et rationalité: les paradoxes du raisonnement rétrograde),载于《合理性的局限》(Les Limites de la rationalité),卷一,让-皮埃尔·迪皮伊与皮埃尔·李维主编,《理性,伦理与认知》(Rationalité, éthique et cognition),探索出版社,1997年,第30页至58页;让-皮埃尔·迪皮伊,《理性与自欺》(Rationality and Self-Deception)》,载于《自欺与理性的悖论》(Self-Deception and paradoxes of Rationality),让-皮埃尔·迪皮伊主编,CSLI 出版社,斯坦福大学,1998年,第113—150页。

即矢量(0,0),其第一组成部分代表"效用"(utlité)或者任何其他排列喜好的指数,前一个是皮埃尔的,后一个是玛丽的。另一个状态(+1,+1)则是两人都偏爱的。由于某种原因,只有当皮埃尔迈出第一步(C)交易才可能得到实现。而在这种情况下,皮埃尔会遭遇玛丽不走第二步的风险,玛丽可能会把皮埃尔给她的收入囊中却不作对等交换(玛丽在时间点2做了D,得到+2,而皮埃尔只有-1)。于是问题便产生了。

逆向思维很快就使我们确信,即便合作会改变二人的命运,合作也无法实现。从最后一步出发,即时间点2,当时玛丽坐庄。此时她选择背叛才是合理的,因为那样她会得到+2,如果合作就只有+1。而皮埃尔处于时间点1,他有两种选择:其一,走出第一步,此种情况下,他预测玛丽不会走第二步,而他只能得到-1;其二,原地不动,即做出D,那么他得到0。所以他会原地不动,那么合作就无法实现。

有人说承诺机制可以避免这一糟糕的结果。玛丽既然和皮埃尔有共同利益,她会在游戏开始前的事件点0,向皮埃尔承诺,只要他在时间点1处选择合作就会在时间点2合作。但这样一来就全输了!玛丽深知时间点2一到,出于利益考虑,她便不会信守承诺。而皮埃尔看透了她的心思,也清楚这一点。玛丽向上帝发誓也是徒劳的,她并不可信。所以皮埃尔不动。这就是 PRR 在此情况中的形式①。

正如我之前在正文中讲过的,理性选择理论家试图像那些"深谋远虑的"资本家一样,将他们所谓的"伦理"变成某种救命稻草,一种人情的力量,他们有时称之为"信任",认为它可以弥补理性的缺陷。例如,玛丽跟随理性的指引而背信弃义,也会经受良心不安的煎熬。这就一下子默认了伦理与理性的分裂。还有比这更好的选择。

我曾设想过像处理纽科姆悖论一样来处理保证型博弈,其中皮埃尔扮演了本质上有先见之明的预测者,玛丽则是代理人。然而,两个重要的差异将保证型博弈和原来的纽科姆悖论问题区分开来。皮埃尔作为纽科姆悖论中的预测者,根据对玛丽选择的预测来采取行动,但他并非像表面看起来那样随心所欲,因为他将玛丽的行为看作不变,并以此使自己利益最大化。这是第一个差异。要理解第二个差异,我们得像玛丽一样进行思考——在游戏开始时,如果她在时间点 2 坐庄,那么她应该怎么做:

---

① 很少有理性选择理论家会同意,保证型博弈已经体现了 PRR 这一思想。要让他们承认一个悖论的存在,还需要一些更复杂的博弈,像"百足虫"一样。我的理论的优点之一就是不需要做出这样的区分。见让-皮埃尔·迪皮伊,《社会科学中均衡新概念的哲学基础:被投射的均衡》(Philosophical Foundations of A New Concept of Equilibrium in the Sowal Swences: projected Equilibrium),《哲学研究》(*Philosophical Studies*),第 100 期,2000 年,第 323—345 页。

(6) 如果我在时间点 2,我选择 C,这些皮埃尔在时间点 1 就预测到了,那么他为了尽可能维护自己的利益将选择 C,然后再轮到我坐庄。所以我们每个人都得到 +1。

(7) 如果我在时间点 2,我选择 D,这些皮埃尔在时间点 1 就预测到了,那么他为了尽可能维护自己的利益将选择 D,这意味着在时间点 2 轮不到我坐庄了。所以矛盾出现了。

在(7)中的两个前提导致了一个矛盾,其中一个是对另一个的否定。因此:

(8) 假如玛丽在时间点 2 坐庄,那么她会选 C。

皮埃尔能够在时间点 1 模拟玛丽的推理过程。假如由于(8)和(6)他选择 C,那么他得到 +1,而要是选 D 就得 0。所以他和玛丽都会选择合作,那么互利共赢的合作实现了,理性与伦理也得到调和。

然而,玛丽在(6)和(7)两个不同命题中对过去的反事实能力及其自由意志似乎消失了,因为她不可能选 D。这一不可能性的实质是什么? 我们还能挽救自由意志与本质的先见之明之间的相容性吗?

这就是我提出的出路①。玛丽在做出行动之前,可以选

---

① 见让-皮埃尔·迪皮伊,《社会科学中均衡新概念的哲学基础:被投射的均衡》,前揭。

择 C 或 D。在皮埃尔做出选择的情况下,只要玛丽还没做出选择,过去就依然悬而未决(unbestimmt,量子力学的德语说法),所以选择 D 是可能的。只有当玛丽决定做出选择时,其过去才被确定下来。假如她选 D,便不能再行动。似乎她永远都不能选 D,但这种*不可能性只在回顾时才成立*。

拯救自由意志要付出的哲学代价,不仅要摆脱过去不变原则还要摆脱*过去事实原则*。也许这就是纽科姆悖论的真正意义所在。量子物理学家威廉·纽科姆——假设他真的存在——已经找到办法在人类行为的宏观领域中再现一个涉及量子信息世界的哲学之谜。

玛丽一旦做出选择,便似乎不能再做出别的选择,然而在此之前,她可以做出别的选择。未来在出现之前都是不确定的,一旦成为现实,就似乎固定不变了,也就是说在反事实层面上独立于现在的行为。代理人行动之前过去的不确定性与行动发生后未来的确定性的结合,共同定义了我称为**谋划的时间**的时间哲学。

行为从虚无中涌现,以柏格森和萨特的方式创造了回顾时的某种必然性。事件只在被"可能化"之后才成为可能。在这个极为特殊的形而上学里,那些包含了可能与必然等模态术语的命题,其真值(la valeur de vérité)应当从命题被表达的那一刻算起。

### 谋划的时间的形而上学

谋划的时间的形而上学呈环状,未来与过去相互决定。

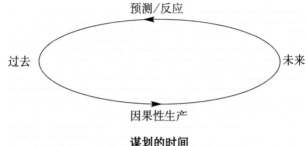

#### 谋划的时间

在谋划的时间中,对未来的预测意味着在循环过程中寻找一个固定点,而这正是预测(过去对未来的)与结果(未来对过去造成的)相会合的地方。预测者知道他的预言会对世界产生因果上的影响,如果他想要预言成真的话,就必须考虑到这一点。我在正文中提到过,在传统上,也就是说在那些被宗教统治的世界里,这个预测者便是预言家,尤其是圣经里的先知。但我这里所说的预言家纯粹是世俗与技术意义上的,他毫无诗意地寻找着问题的**固定点**,正是在这个点上,唯意志论实现了命运安排的这些。预言包含在他的话里,他看着自己宣布的一切如命运安排的那样得以实现。从这个意义上说,我们这个建立于科学与技术之上的现代民主社会中的预言家委实众多。谋划的时间在各种机构无数次的鼓励、促进、组织甚至强制之下展开。到处可以听到那些或多或少得到许可的声音,宣称即将到来的未来将如何如何:明日的交通状况,下次的选举结果,来年的通货膨胀率与增长率,以及温室气体排放状况,等等。但我们和这些被我们称为*经济预测家*的先知们都非常清楚,他们向我们宣告的那仿佛已经铭刻在星辰上的未来,其实是我们自己创造的。有的事情会演变成形而上学的耻辱,我们不会在它面前反抗(除非偶尔以选民的身份)。这就是我努力阐述的与未来协调模式的逻辑性。

正如我在第二部分提过的,在谋划的时间中预测未来,我所知道的最精彩的例子是皮埃尔·马斯(Pierre Massé)设想过的法国规划,罗杰·格斯奈里①将其精神总结在以下令人印象深刻的表达中。他写道:该规划"旨在通过协商和研究来获取未来世界足够乐观的景象,它带给人美好愿景和充分的信赖,以及为了它自身的实现而积极开展行动②"。这一表达只有在谋划的时间的形而上学里才能找到意义,它完美地描绘了一个连接过去和未来的环形图,协调正是建立在一个能

---

① 罗杰·格斯奈里(Roger Guesnerie, 1943—),法国经济学家。——译注
② 见罗杰·格斯奈里,《市场经济》,前揭。

够确保未来结果与其自我实现预言之间形成循环的未来图景之上,进而得以实现。

## 4　从核威慑到理性的灾难论

在谋划的时间的形而上学里,所有不在世界线(ligne d'univers)上的事件,应该是不可能发生的(世界线被定义为事件发生的顺序)。换句话说,所有可能事件都会发生。因此谨慎就永远都不能具有预防性。预防假设我们可以通过预防让不受欢迎的事件有不会发生的可能性。为了让我们有行动的可能,事件就应当是可能的;但是如果我们的行为有效,那它就不会发生。这在谋划的时间里是无法想象的。事实上,这一形而上学表面上的缺陷会带来最重要的思考之一,即今天人类未来所遭遇的威胁。

### MAD 逻辑

让我们来思考一下以下被称为"确定的相互摧毁"(英语:*Mutually Assured Destruction*,带有讽刺意味的缩写 *MAD* 即来源于此)的博弈情形。他我想要攻击自我,假如攻击发生了,自我有两种选择,要么让步,但这样他就输掉比如他的领土;或者要么反击,战斗升级,这第二个选择会导致敌我双方一起毁灭。

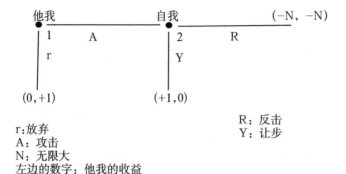

r:放弃
A：攻击
N：无限大
左边的数字：他我的收益
右边的数字：自我收益

R：反击
Y：让步

该结构是在深渊边缘进行的零和博弈,而并非一方赢一方输。逆向思维得出的结论是,有威慑力的威胁——"假如你的他我发起进攻,我的自我发起反击使战斗升级,然后我们都被消灭[①]"——是不可信的。他我发起进攻之后,处于时间点2的自我发现选择Y比较谨慎。因此他我会在时间点1进攻,自我在时间点2让步。核威慑所依赖的威胁的丧失这一问题是有关该主题的战略文献的基本内容。试问有哪一位国家元首,遭到第一轮攻击后,只剩一个满目疮痍的城池需要捍卫,他还会冒着人类灭绝的危险展开复仇反击?

---

① 1986年法国的一位战略家说:"我们的潜艇能够在半小时内杀死五千万人。我们认为这足以威慑任何敌人。"

按谋划的时间来推理可以挽救威慑效力吗?我们开始提到的预防论断在此提出质疑。使战斗升级的反击能构成谋划的时间中过去与未来之间循环的那个固定点吗?处于时间点 1 的他我预测到处于时间点 2 的自我会选择反击,这会阻止自我在时间点 2 坐庄,所以他我那一刻会放弃进攻。只有自我让步而他我进攻,才会形成环形圈。所以最终结论跟逆向思维的结论一样:威慑无效。然而,使威慑在谋划的时间中无效的原因不是威胁不可靠,而是威慑的自我反驳过于成功了。

我们在专门的文献里发现了下列形式的论断。一般来说,要使威慑机制起作用(想想刑罚体系吧),就不能让它百分百地起作用。实际上,有必要让公众知道,蔑视威胁的人将受到惩罚,如同罪犯受惩戒一样。但 MAD 案例中唯一的失败之处在于,核爆炸带来的末日是命中注定的。为了让核威慑有效力,它得完全有效;而假如完全有效,核威慑就达不到效果。在这一思考中,只有在谋划的时间中推理该论断才具有力量和有效性。如果说核威慑是有效的,意味着他我放弃攻击,因为自我会在时间点 2 反击;但是假如自我在时间点 2 反击了,自我就不会在时间点 2 坐庄。因此,自我在时间点 2 反击不会铭刻在世界线上。然而,在谋划的时间中,不会发生的事件是不可能的。冲突升级不可能,因此威胁也不可能发生,很显然威胁也随之无效。

既然MAD机制似乎在持续五十余年的冷战期间让我们免于核战争,那剩下的问题就是弄明白这一奇迹是如何产生的。当战略家们意识到威慑应该略去所有威慑的**意图**,他们对该问题的理解迈出了决定性的一步,但是晚了一些。仅凭敌我双方对峙的武器库,甚至根本不需要说出或者暗示要使用它们,就足以让暴力中的一对孪生子偃旗息鼓。但这并不意味着核末日会就此消失。今后,以种种**存在的威慑的名义**,威慑看起来就像一场极度危险的、要把共同毁灭变成一种命运的博弈。威慑之所以能够有效,因为只要我们不轻率地尝试它,这种命运就有可能会遗忘我们——一段时间,也许很长一段时间,甚至看不到头,但并非无限长。

让我们回到谋划的时间的形式主义。事实上,除了使威慑无效的固定点以外还有另一个固定点,不过我们得承认环形图的**瑕疵**。这一瑕疵像宿命一样被刻在了未来。它导致的不确定性使威慑更有效。但这一不确定性并非偶然。让我们赋予它一个分量 $\varepsilon$,尽管这一限定非常微弱甚至微不足道。存在的威慑可以简洁地表述为:因为分量为 $\varepsilon$ 威慑不起作用,所以分量为 $1-\varepsilon$ 不起作用。这似乎是一个重言式(这明显是我们普通的形而上学中的情况),但这里却绝对不是一个重言式,因为该命题当 $\varepsilon = 0$[①] 时并不正确。正是分量始终为正数的威慑失效这一事实使得末日铭刻在未来,除了 $\varepsilon$ 之外。当概率为 $\varepsilon$ 时,是错误的可能性拯救了威慑的效力——仿佛错误与错误缺失构成了一条支路的两条岔路一样,这样的说法是完全错误的。谋划的时间中不存在分岔。错误不仅是可能的,而且还是实际存在的,被铭刻在时间里,某种程度上就像写字时留下的笔误一样。

## 理性的灾难论

把对人类未来产生重大影响的灾难问题(例如气候与生态系统紊乱等)比拟成核威慑,并使之合理化,确切地说,就是用存在的威慑来阐释核威慑。二者的结构是一样的:这不是一场对手之间你死我活的决斗,这里只涉及一位主角,那就是人类,与其自身的暴力——物化的、外化的——作斗争。意识上的阻碍与行动上的阻碍是一样的:我们明知道灾难将会发生,也还是认为它不足为信。我们知道这些,或者应当知道这些,但我们不相信我们知道的。

理性的灾难论的狡猾之处在于,它让我们觉得人类是命

---

[①] $\varepsilon = 0$ 的不连续性意味着此处存在一个不确定性原则。分量 $\varepsilon$ 与 $1-\varepsilon$ 就像量子力学中的概率一样。固定点在此处应当被视为两种状态的**重叠**,一个是末日的偶然**且**必然的出现,另一个是末日没有出现。

运的牺牲品,同时让我们牢记,我们自己是自身不幸的唯一根源。从今往后,我们的目光时刻注视着人类自毁这一无法想象的浩劫,我们活着的每一天都怀揣这样一个目标——不是完全避免它发生(避免自我毁灭,难道不是自相矛盾的吗),而是尽可能推迟这一天的到来。这意味着要通过一项否定的计划进行自我协调,这一计划所面对的未来是固定不变的,且不是我们想要的未来。但自我驳斥的悖论依然守候着:假如我们成功避免了糟糕的未来,我们还怎么说自我协调并时刻注视着这样的未来?因此,理性的灾难论的说法之所以成立,是通过对上述计划的否定,并为了避免自我矛盾再追加一份遗嘱,结论是:"针对未来以及人类末日的科学研究和思考,让我们看到一幅足够悲观的未来图景,它是如此骇人听闻足以激励人们行动起来去阻止悲剧发生。**除非有意外情况。**"

正如一位诗人所说:

Wo aber Gefahr ist, wächst

Das Rettende auch. ①

---

① "但在那有危险的地方,拯救的东西/也在生长"(荷尔德林)。

# "轻与重"文丛(已出)

| | | | |
|---|---|---|---|
| 01 | 脆弱的幸福 | [法]茨维坦·托多罗夫 著 | 孙伟红 译 |
| 02 | 启蒙的精神 | [法]茨维坦·托多罗夫 著 | 马利红 译 |
| 03 | 日常生活颂歌 | [法]茨维坦·托多罗夫 著 | 曹丹红 译 |
| 04 | 爱的多重奏 | [法]阿兰·巴迪欧 著 | 邓 刚 译 |
| 05 | 镜中的忧郁 | [瑞士]让·斯塔罗宾斯基 著 | 郭宏安 译 |
| 06 | 古罗马的性与权力 | [法]保罗·韦纳 著 | 谢 强 译 |
| 07 | 梦想的权利 | [法]加斯东·巴什拉 著 | 杜小真 顾嘉琛 译 |
| 08 | 审美资本主义 | [法]奥利维耶·阿苏利 著 | 黄 琰 译 |
| 09 | 个体的颂歌 | [法]茨维坦·托多罗夫 著 | 苗 馨 译 |
| 10 | 当爱冲昏头 | [德]H·柯依瑟尔 E·舒拉克 著 | 张存华 译 |
| 11 | 简单的思想 | [法]热拉尔·马瑟 著 | 黄 蓓 译 |
| 12 | 论移情问题 | [德]艾迪特·施泰因 著 | 张浩军 译 |
| 13 | 重返风景 | [法]卡特琳·古特 著 | 黄金菊 译 |
| 14 | 狄德罗与卢梭 | [英]玛丽安·霍布森 著 | 胡振明 译 |
| 15 | 走向绝对 | [法]茨维坦·托多罗夫 著 | 朱 静 译 |

16 古希腊人是否相信他们的神话

　　　　　　　［法］保罗·韦纳 著　　　　张 竝 译

17 图像的生与死　［法］雷吉斯·德布雷 著

　　　　　　　　　　　　　　　　黄迅余　黄建华 译

18 自由的创造与理性的象征

　　　　　　　［瑞士］让·斯塔罗宾斯基 著

　　　　　　　　　　　　　　　张 亘　夏 燕 译

19 伊西斯的面纱　［法］皮埃尔·阿多 著　　张卜天 译
20 欲望的眩晕　　［法］奥利维耶·普里奥尔 著　方尔平 译
21 谁,在我呼喊时　［法］克洛德·穆沙 著　　　李金佳 译
22 普鲁斯特的空间　［比利时］乔治·普莱 著　　张新木 译
23 存在的遗骸　　［意大利］圣地亚哥·扎巴拉 著

　　　　　　　　　　　吴闻仪　吴晓番　刘梁剑 译

24 艺术家的责任　［法］让·克莱 著

　　　　　　　　　　　　　　　　赵苓岑　曹丹红 译

25 僭越的感觉/欲望之书

　　　　　　　［法］白兰达·卡诺纳 著　　　袁筱一 译
26 极限体验与书写　［法］菲利浦·索莱尔斯 著　唐 珍 译
27 探求自由的古希腊　［法］雅克利娜·德·罗米伊 著

　　　　　　　　　　　　　　　　　　　　张 竝 译

28 别忘记生活　　［法］皮埃尔·阿多 著　　　孙圣英 译
29 苏格拉底　　　［德］君特·费格尔 著　　　杨 光 译
30 沉默的言语　　［法］雅克·朗西埃 著　　　臧小佳 译

| | | | |
|---|---|---|---|
| 31 | 艺术为社会学带来什么 | [法]娜塔莉·海因里希 著 | 何蒨 译 |
| 32 | 爱与公正 | [法]保罗·利科 著 | 韩梅 译 |
| 33 | 濒危的文学 | [法]茨维坦·托多罗夫 著 | 栾栋 译 |
| 34 | 图像的肉身 | [法]莫罗·卡波内 著 | 曲晓蕊 译 |
| 35 | 什么是影响 | [法]弗朗索瓦·鲁斯唐 著 | 陈卉 译 |
| 36 | 与蒙田共度的夏天 | [法]安托万·孔帕尼翁 著 | 刘常津 译 |
| 37 | 不确定性之痛 | [德]阿克塞尔·霍耐特 著 | 王晓升 译 |
| 38 | 欲望几何学 | [法]勒内·基拉尔 著 | 罗芃 译 |
| 39 | 共同的生活 | [法]茨维坦·托多罗夫 著 | 林泉喜 译 |
| 40 | 历史意识的维度 | [法]雷蒙·阿隆 著 | 董子云 译 |
| 41 | 福柯看电影 | [法]马尼利耶 扎班扬 著 | 谢强 译 |
| 42 | 古希腊思想中的柔和 | [法]雅克利娜·德·罗米伊 著 | 陈元 译 |
| 43 | 哲学家的肚子 | [法]米歇尔·翁弗雷 著 | 林泉喜 译 |
| 44 | 历史之名 | [法]雅克·朗西埃 著 | 魏德骥 杨淳娴 译 |
| 45 | 历史的天使 | [法]斯台凡·摩西 著 | 梁展 译 |
| 46 | 福柯考 | [法]弗里德里克·格霍 著 | 何乏笔 等译 |
| 47 | 观察者的技术 | [美]乔纳森·克拉里 著 | 蔡佩君 译 |
| 48 | 神话的智慧 | [法]吕克·费希 著 | 曹明 译 |
| 49 | 隐匿的国度 | [法]伊夫·博纳富瓦 著 | 杜蘅 译 |
| 50 | 艺术的客体 | [英]玛丽安·霍布森 著 | 胡振明 译 |

51 十八世纪的自由 [法]菲利浦·索莱尔斯 著

唐 珍 郭海婷 译

52 罗兰·巴特的三个悖论

[意]帕特里齐亚·隆巴多 著

田建国 刘 洁 译

53 什么是催眠 [法]弗朗索瓦·鲁斯唐 著

赵济鸿 孙 越 译

54 人如何书写历史 [法]保罗·韦纳 著 韩一宇 译

55 古希腊悲剧研究 [法]雅克利娜·德·罗米伊 著

高建红 译

56 未知的湖 [法]让-伊夫·塔迪耶 著 田庆生 译

57 我们必须给历史分期吗

[法]雅克·勒高夫 著 杨嘉彦 译

58 列维纳斯 [法]单士宏 著

姜丹丹 赵 鸣 张引弘 译

59 品味之战 [法]菲利普·索莱尔斯 著

赵济鸿 施程辉 张 帆 译

60 德加,舞蹈,素描 [法]保尔·瓦雷里 著

杨 洁 张 慧 译

61 倾听之眼 [法]保罗·克洛岱尔 著 周 皓 译

62 物化 [德]阿克塞尔·霍耐特 著 罗名珍 译

# 图书在版编目(CIP)数据

经济的未来/(法)迪皮伊著;解华译.
--上海:华东师范大学出版社,2020
("轻与重"文丛)
ISBN 978-7-5760-0207-2

Ⅰ.①经… Ⅱ.①迪… ②解… Ⅲ.①世界经济—经济发展趋势—研究 Ⅳ.①F113.4

中国版本图书馆 CIP 数据核字(2020)第 042834 号

华东师范大学出版社六点分社

企划人 倪为国

L'Avenir de l'Économie: Sortir de l'économystification
by Jean-Pierre DUPUY
Copyright © Editions Flammarion, Paris, 2012
Published by arrangement with Editions Flammarion
Simplified Chinese Translation Copyright © 2020 by East China Normal
University Press Ltd.
ALL RIGHTS RESERVED.
上海市版权局著作权合同登记 图字:09-2015-646 号

"轻与重"文丛
## 经济的未来

| | |
|---|---|
| 主　　编 | 姜丹丹 |
| 著　　者 | (法)让-皮埃尔·迪皮伊 |
| 译　　者 | 解　华 |
| 责任编辑 | 高建红 |
| 责任校对 | 施美均 |
| 封面设计 | 姚　荣 |
| 出版发行 | 华东师范大学出版社 |
| 社　　址 | 上海市中山北路 3663 号　邮编　200062 |
| 网　　址 | www.ecnupress.com.cn |
| 电　　话 | 021-60821666　行政传真　021-62572105 |
| 客服电话 | 021-62865537　门市(邮购)电话　021-62869887 |
| 地　　址 | 上海市中山北路 3663 号华东师范大学校内先锋路口 |
| 网　　店 | http://hdsdcbs.tmall.com |
| 印 刷 者 | 上海盛隆印务有限公司 |
| 开　　本 | 787×1092　1/32 |
| 印　　张 | 8.75 |
| 字　　数 | 120 千字 |
| 版　　次 | 2020 年 8 月第 1 版 |
| 印　　次 | 2020 年 8 月第 1 次 |
| 书　　号 | ISBN 978-7-5760-0207-2 |
| 定　　价 | 58.00 元 |
| 出 版 人 | 王　焰 |

(如发现本版图书有印订质量问题,请寄回本社客服中心调换或电话 021-62865537 联系)